# COUP DE POUCE
## COLLECTION CULINAIRE

# PETITS PLATS
# DE POULET

Les compagnies canadiennes suivantes ont participé à la production
de cette collection: Colour Technologies, Fred Bird & Associates Limited,
Gordon Sibley Design Inc., On-line Graphics, Les Éditions Télémédia Inc. et
The Madison Book Group Inc.

Coup de pouce est une marque déposée des Éditions Télémédia Inc.
Tous droits réservés, qu'ils aient été déposés ou non.

Nous remercions pour leur contribution
Drew Warner, Joie Warner et Flavor Publications.

Cette collection est une production de:
The Madison Book Group Inc.
40 Madison Avenue
Toronto, Ontario
Canada
M5R 2S1

# PETITS PLATS DE POULET

■ *Couverture:*
*Poulet aux poivrons*
*et aux tomates (p. 53).*

Que ferait-on sans le poulet? Savoureux et économique, il se prépare de mille et une façons et tout le monde l'aime. Si vous êtes à court d'idées, vous trouverez dans ce livre plus de 50 nouvelles façons de le cuisiner. Détaillé en petits morceaux dans les *Sandwichs à la salade de poulet César* et dans la *Salade de poulet à l'orange*. Relevé dans les *Ailes de poulet à la sauce hoisin* et le *Poulet épicé à la jamaïquaine*. Cuit sur le gril dans les *Pâtés de poulet au basilic* et les *Poitrines de poulet au citron et à la moutarde*. Apprêté pour un dîner dans le *Poulet chasseur à l'italienne* et les *Poulets rôtis garnis de cresson*. Quelle que soit l'occasion ou la saison, ce livre vous offre un éventail de recettes faciles et peu coûteuses, de même que des trucs et conseils sur la conservation et la cuisson de la volaille et sur la façon d'utiliser le micro-ondes pour sauver du temps.

**Petits plats de poulet** est un des huit livres de la COLLECTION CULINAIRE COUP DE POUCE. Chaque livre présente des plats faciles et savoureux que vous ne vous lasserez pas de cuisiner. Toutes les recettes de la collection ont été sélectionnées et expérimentées avec soin pour vous assurer des résultats parfaits en tout temps. En collectionnant les huit livres, vous pourrez choisir parmi plus de 500 plats ceux qui, jour après jour, donneront un air de fête à tous vos repas.

*Carole Schinck*

**Carole Schinck**
**Rédactrice en chef,** *Coup de pouce*

# Sandwichs à la salade de poulet César

*Cette salade peut également être préparée avec du poulet ou de la dinde fumés. Dressez-la, si les convives ont bon appétit, sur un morceau de baguette, tel qu'illustré sur la photo.*

| | | |
|---|---|---|
| 1/2 lb | bacon | 250 g |
| 2 | tomates, coupées en deux, épépinées et coupées en dés | 2 |
| 1 lb | poitrines de poulet, cuites et coupées en dés | 500 g |
| 4 t | laitue romaine hachée grossièrement | 1 L |
| 16 | tranches de pain français | 16 |
| | **VINAIGRETTE** | |
| 1 | gousse d'ail, hachée fin | 1 |
| 2 c. à tab | vinaigre de vin rouge | 30 ml |
| 1 c. à tab | pâte d'anchois | 15 ml |
| 1 c. à tab | jus de citron | 15 ml |
| 1 c. à tab | moutarde de Dijon | 15 ml |
| 1/3 t | huile d'olive | 75 ml |
| 3 c. à tab | mayonnaise | 45 ml |
| 3 c. à tab | parmesan frais râpé | 45 ml |
| 1 c. à thé | sauce Worcestershire | 5 ml |
| | Une pincée de cayenne | |
| | Sel et poivre | |

■ Dans une poêle, cuire le bacon à feu moyen pendant 4 minutes ou jusqu'à ce qu'il soit croustillant. Égoutter sur des essuie-tout. Casser en petits morceaux de 1/2 po (1 cm). Bien égoutter les tomates. Mélanger avec le bacon et le poulet.

■ **Vinaigrette:** Dans un grand bol, mélanger l'ail, le vinaigre, la pâte d'anchois, le jus de citron et la moutarde. Incorporer l'huile en fouettant, puis la mayonnaise. Ajouter le fromage, la sauce Worcestershire, le cayenne, du sel et du poivre.

■ Ajouter la préparation au poulet et bien mélanger. Faire mariner au réfrigérateur pendant au moins 30 minutes ou au plus 4 heures. Juste avant de dresser les sandwichs, ajouter la laitue aux autres ingrédients de la salade. Donne 8 sandwichs.

# Ailes de poulet à la sauce hoisin

*Ces ailes de poulet sont aussi délicieuses chaudes que froides. Si vous les préparez pour un pique-nique, assurez-vous qu'elles sont bien froides avant de les mettre dans la glacière.*

| | | |
|---|---|---|
| 1/3 t | sauce hoisin | 75 ml |
| 1/4 t | ketchup | 60 ml |
| 1/4 t | miel liquide | 60 ml |
| 1 c. à thé | zeste d'orange râpé | 5 ml |
| 2 c. à tab | jus d'orange | 30 ml |
| 1 c. à tab | moutarde de Dijon | 15 ml |
| 2 c. à thé | racine de gingembre hachée fin | 10 ml |
| 2 c. à thé | sauce Worcestershire | 10 ml |
| 2 | gousses d'ail, hachées fin | 2 |
| 1/4 c. à thé | cayenne | 1 ml |
| 3 lb | ailes de poulet | 1,5 kg |

■ Dans un grand bol, mélanger la sauce hoisin, le ketchup, le miel, le jus et le zeste d'orange, la moutarde, le gingembre, la sauce Worcestershire, l'ail et le cayenne.

■ Couper le bout des ailes. Séparer les ailes aux jointures. Ajouter les ailes à la sauce et mélanger pour bien les enrober. Retirer les ailes de la sauce, en les secouant au-dessus du bol et en réservant la sauce, et les disposer en une seule couche sur une plaque graissée et tapissée de papier d'aluminium. Cuire au four préchauffé à 400°F (200°C) pendant 15 minutes. Badigeonner du reste de la sauce et poursuivre la cuisson, en les retournant et en les arrosant au moins deux fois, pendant 40 minutes ou jusqu'à ce qu'elles soient bien dorées. Donne 6 portions.

# Ailes de poulet au citron et au romarin

*Ces hors-d'oeuvre se grignotent chauds à l'heure de l'apéro ou froids comme collation dans la soirée.*

| | | |
|---|---|---:|
| 2 lb | ailes de poulet | 1 kg |
| 2 c. à tab | huile d'olive | 30 ml |
| 2 c. à tab | jus de citron | 30 ml |
| 1 c. à tab | zeste de citron râpé | 15 ml |
| 2 | gousses d'ail, hachées fin | 2 |
| 1 c. à thé | romarin séché | 5 ml |
| 1/2 c. à thé | sel et poivre (chacun) | 2 ml |

■ Couper le bout des ailes. Séparer les ailes aux jointures et les mettre dans un bol juste assez grand pour les contenir.

■ Dans une petite casserole, mélanger l'huile, le jus de citron, le zeste de citron, l'ail, le romarin, le sel et le poivre. Faire mijoter à feu moyen-doux pendant 10 minutes. Verser sur les ailes de poulet et mélanger pour les enrober. Laisser mariner pendant au moins 30 minutes à la température de la pièce ou au plus 8 heures au réfrigérateur (ramener à la température de la pièce avant de faire cuire).

■ Disposer les ailes de poulet en une seule couche dans un plat peu profond. Cuire au four préchauffé à 425°F (220°C), à découvert, pendant 20 à 25 minutes ou jusqu'à ce qu'elles soient dorées et aient perdu leur teinte rosée à l'intérieur. Donne environ 24 hors-d'oeuvre.

---

*UNE AILE, DEUX AILES…*

*Les ailes de poulet sont comme les arachides: lorsqu'on en mange une, on en veut une autre, et puis encore une autre… Elles coûtent peu cher et se préparent rapidement. On peut les servir comme plat de résistance ou comme casse-croûte, et elles sont idéales pour un pique-nique ou la boîte à lunch.*

*• Il faut toujours les acheter très fraîches. Leur peau est alors souple et elles ne dégagent aucune odeur.*

*• Dans ce livre, il est suggéré de couper le bout des ailes (en conservant ces morceaux pour préparer un bouillon) et de séparer les ailes en deux aux jointures. Ceci est facultatif, mais assure une cuisson uniforme des ailes de poulet.*

# Ailes de poulet à la créole et sauce moutarde aux pêches

*Ces ailes de poulet au petit goût piquant feront un malheur. Cuites à température très chaude, elles sont ultra croustillantes à l'extérieur, et tendres et juteuses à l'intérieur.*

| | | |
|---|---|---|
| 3 lb | ailes de poulet | 1,5 kg |
| 4 | gousses d'ail, hachées fin | 4 |
| 2 c. à thé | moutarde sèche et paprika (chacun) | 10 ml |
| 1 c. à thé | thym séché et sucre (chacun) | 5 ml |
| 1/2 c. à thé | cayenne, sel et poivre noir (chacun) | 2 ml |
| 1/4 t | jus de citron | 60 ml |
| | **SAUCE MOUTARDE AUX PÊCHES** | |
| 1/2 t | confiture de pêches | 125 ml |
| 1 c. à tab | moutarde de Dijon | 15 ml |
| 2 c. à thé | piment doux en dés | 10 ml |
| 1 c. à thé | vinaigre de cidre | 5 ml |

■ Couper le bout des ailes et les conserver pour la préparation d'un bouillon. Dans un petit bol, mélanger l'ail, la moutarde, le paprika, le thym, le sucre, le cayenne, le sel et le poivre. Ajouter le jus de citron et mélanger pour obtenir une pâte.

■ Avec un pinceau, badigeonner les ailes de poulet de la préparation pâteuse. Mettre les ailes de poulet, côté charnu en dessous, sur des plaques à pâtisserie légèrement graissées et tapissées de papier d'aluminium. Laisser reposer pendant 30 minutes à la température de la pièce.

■ Cuire au four préchauffé à 475°F (240°C) pendant 15 minutes. Retourner les ailes et poursuivre la cuisson pendant 15 à 20 minutes ou jusqu'à ce qu'elles soient dorées et croustillantes et qu'elles aient perdu leur teinte rosée à l'intérieur.

■ **Sauce moutarde aux pêches:** Dans une casserole, faire fondre la confiture à feu doux. Incorporer la moutarde, le piment et le vinaigre. Servir en trempette. Donne 4 (plat principal) ou 8 (hors-d'oeuvre) portions.

# Pâtés de poulet au basilic

*Ces pâtés de poulet apprêtés avec du basilic, des pignes et du fromage sont délicieux servis sur de la baguette grillée.*

| | | |
|---|---|---|
| 1 | oeuf | 1 |
| 1/4 t | chapelure | 60 ml |
| 3 c. à tab | eau ou bouillon de poulet | 45 ml |
| 2 c. à tab | basilic frais haché | 30 ml |
| 2 c. à tab | oignon vert haché | 30 ml |
| 2 c. à tab | parmesan frais râpé | 30 ml |
| 1 c. à tab | pignes ou amandes en lamelles | 15 ml |
| 1/2 c. à thé | sel | 2 ml |
| 1/4 c. à thé | poivre | 1 ml |
| 1 lb | poulet haché | 500 g |

■ Dans un bol, battre l'oeuf. Incorporer la chapelure, l'eau, le basilic, l'oignon vert, le parmesan, les pignes, le sel et le poivre. Ajouter le poulet et bien mélanger. Façonner en quatre pâtés.

■ Mettre les pâtés sur une grille huilée au-dessus d'une braise d'intensité moyenne-vive, ou à puissance moyenne-maximale sur le barbecue au gaz. Faire griller pendant 5 minutes. Retourner et poursuivre la cuisson pendant 7 minutes ou jusqu'à ce que les pâtés aient perdu leur teinte rosée à l'intérieur. Donne 4 portions.

---

*LE POULET HACHÉ*

*Le poulet haché remplace avantageusement le boeuf haché, car il contient moins de matières grasses. De plus en plus de supermarchés offrent le poulet haché, et même la dinde, à leur comptoir des viandes réfrigérées. Mais si vous possédez un robot, vous pouvez le hacher vous-même en utilisant des poitrines désossées et sans peau. Sinon, demandez à votre boucher de le hacher pour vous. Le poulet haché doit être utilisé avant un jour.*

---

# *Pâtés de poulet aux fines herbes, sauce au citron*

*Servez ces pâtés de poulet tout à fait savoureux avec des carottes et des courgettes sautées.*

| | | |
|---|---|---|
| 1 lb | poitrines de poulet, désossées et sans la peau | 500 g |
| 1 t | miettes de pain frais | 250 ml |
| 1/2 t | yogourt nature | 125 ml |
| 1 | oeuf | 1 |
| 1/3 t | persil frais haché | 75 ml |
| 1 1/2 c. à thé | sel | 7 ml |
| 1 c. à thé | estragon et cerfeuil séchés (chacun) | 5 ml |
| 1/2 c. à thé | thym séché | 2 ml |
| 1/2 c. à thé | poivre | 2 ml |
| 3 c. à tab | beurre doux | 45 ml |
| 1/2 t | vin blanc sec | 125 ml |
| 1/4 t | jus de citron | 60 ml |

■ Couper le poulet en cubes et bien l'essuyer. Hacher les cubes de poulet à l'aide du robot culinaire.

■ Mélanger le pain avec le yogourt et laisser reposer pendant quelques minutes. Dans un bol, mélanger le poulet avec le pain imbibé de yogourt et l'oeuf. Ajouter 2 c. à table (30 ml) du persil, le sel, l'estragon, le cerfeuil, le thym et le poivre. Bien mélanger. Façonner la préparation en 6 gros pâtés d'environ 1 1/2 po (4 cm) d'épaisseur.

■ Dans une grande poêle, faire chauffer le beurre à feu moyen-vif. Y cuire les pâtés pendant 7 minutes sur chaque côté ou jusqu'à ce qu'ils soient bien dorés et aient perdu leur teinte rosée à l'intérieur. Mettre dans un plat de service.

■ Jeter le gras de la poêle. Ajouter le vin et le jus de citron. Amener à ébullition en raclant le fond de la poêle pour en détacher les particules. Cuire jusqu'à ce qu'il ne reste plus qu'environ 1/4 tasse (60 ml) de liquide. Ajouter le reste du persil. Verser la sauce sur les pâtés. Servir chaud ou froid. Donne 6 portions.

# Salade chaude de poulet

*Pour sortir de la routine, essayez cette délicieuse salade colorée.*

| | | |
|---|---|---:|
| 4 | poitrines de poulet désossées, sans la peau (environ 1 lb/500 g) | 4 |
| 1 | poivron rouge | 1 |
| 1/2 | brocoli (environ 1/2 lb/250 g) | 1/2 |
| 1/4 t | huile végétale | 60 ml |
| 1/4 t | bouillon de poulet | 60 ml |
| 3 c. à tab | vinaigre | 45 ml |
| 1 c. à tab | moutarde de Dijon | 15 ml |
| 1 c. à thé | estragon séché | 5 ml |
| | Sel et poivre | |
| 1 t | petits champignons entiers | 250 ml |
| 2 | oignons verts, hachés | 2 |
| | Laitue Boston ou frisée | |

■ Couper le poulet en travers en lanières de 1/2 po (1 cm) de largeur. Parer le poivron et le couper en lanières. Couper le brocoli en petits bouquets; peler les tiges et les couper en tranches de 1/4 po (5 mm) d'épaisseur.

■ Dans une grande poêle, faire chauffer 2 c. à table (30 ml) de l'huile à feu moyen. Y cuire le poulet, en remuant de temps à autre, pendant 4 minutes ou jusqu'à ce qu'il soit doré et ait perdu sa teinte rosée à l'intérieur. Avec une écumoire, mettre le poulet dans un bol chaud.

■ Dans la même poêle, faire chauffer le reste de l'huile. Y cuire le poivron et le brocoli pendant 2 minutes. Ajouter le bouillon et réduire le feu à doux. Couvrir et laisser cuire à la vapeur pendant 2 minutes. Avec une écumoire, mettre les légumes avec le poulet. Couvrir le bol pour conserver les aliments chauds.

■ Verser le vinaigre dans la poêle et amener à ébullition en raclant le fond de l'ustensile pour en détacher les particules. Incorporer la moutarde, l'estragon, du sel et du poivre. Ajouter les champignons et les oignons verts. Remettre le poulet et les légumes, avec leur jus, dans la poêle. Réchauffer et servir sur des feuilles de laitue. Donne 4 portions.

# Salade de poulet à l'orange

*Cette salade légèrement épicée est délicieuse en toute saison. Si vous la préférez plus épicée, ajoutez une cuillerée à thé de flocons de piment. Et si les laitues sont petites, utilisez-en quatre.*

| | | |
|---|---|---|
| 2 | grosses carottes | 2 |
| 2 | poivrons rouges | 2 |
| 1 c. à thé | huile de sésame | 5 ml |
| 3 | oignons verts | 3 |
| 2 | poitrines de poulet désossées, sans la peau, cuites | 2 |
| 2 | laitues Boston | 2 |
| 1 1/2 t | germes de haricots mungo (fèves germées) | 375 ml |
| 3/4 t | coriandre fraîche | 175 ml |
| 2 | oranges, coupées en deux et tranchées | 2 |
| | **VINAIGRETTE** | |
| 4 | gousses d'ail | 4 |
| 2/3 t | eau | 150 ml |

| | | |
|---|---|---|
| 1/2 t | beurre d'arachides crémeux | 125 ml |
| 1/3 t | vinaigre de riz | 75 ml |
| 1 c. à tab | sauce soya | 15 ml |
| 1 1/2 c. à thé | sucre | 7 ml |
| 1/2 c. à thé | flocons de piment fort broyés | 2 ml |

■ Avec un couteau-éplucheur, couper les carottes en longues lanières. Épépiner et trancher les poivrons en fines rondelles. Dans une poêle à revêtement anti-adhésif, faire chauffer l'huile à feu moyen. Y cuire les carottes et les poivrons pendant 5 minutes ou jusqu'à ce qu'ils soient tendres-croquants.

■ Couper la partie verte des oignons verts en en laissant 1 po (2,5 cm), puis couper les oignons verts dans le sens de la longueur en lanières. Couper le poulet en fines lanières.

■ **Vinaigrette:** À l'aide du robot culinaire ou du mélangeur, hacher les gousses d'ail. Ajouter l'eau, le beurre d'arachides, le vinaigre, la sauce soya, le sucre et les flocons de piment. Actionner l'appareil jusqu'à ce que la vinaigrette soit homogène.

■ Détacher les feuilles de laitue et les disposer sur huit assiettes. Disposer ensuite les carottes et les poivrons, les germes de haricots, le poulet, la co-riandre et les oignons verts. Garnir des tranches d'orange. Servir la vinaigrette à part. Donne 8 portions.

# Salade de poulet étagée

*Cette salade colorée et croquante se conserve pendant une journée au réfrigérateur.*

| | | |
|---|---|---|
| 4 t | épinards déchiquetés | 1 L |
| 3 t | poulet (ou dinde) cuit coupé en cubes | 750 ml |
| 1 | petit poivron rouge, coupé en fines rondelles | 1 |
| 4 | oeufs durs, tranchés | 4 |
| | Sel et poivre | |
| 1/2 | concombre anglais, émincé | 1/2 |
| 1 t | macaronis cuits (environ 1/2 t/125 ml non cuits) | 250 ml |
| 1 | petit oignon rouge, émincé | 1 |
| | **VINAIGRETTE** | |
| 3/4 t | mayonnaise | 175 ml |
| 1/2 t | yogourt nature | 125 ml |
| 1/4 t | persil frais haché fin | 60 ml |
| 1 c. à tab | sucre | 15 ml |
| 2 c. à thé | aneth frais haché fin (ou 1/2 c. à thé/2 ml d'aneth séché) | 10 ml |

■ **Vinaigrette:** Mélanger la mayonnaise, le yogourt, 2 c. à table (30 ml) du persil, le sucre et l'aneth. Réserver.

■ Dans un bol de plastique ou de verre aux côtés droits, disposer, en couches successives, les épinards, le poulet, le poivron, les oeufs salés et poivrés, le concombre, les macaronis et l'oignon rouge.

■ Napper uniformément de la vinaigrette. Garnir du reste de persil. Bien couvrir et réfrigérer pendant plusieurs heures ou toute une nuit. Mélanger délicatement juste avant de servir. Donne 6 à 8 portions.

# Poulet grillé et salade au fromage

*Pour un repas rapide et délicieux, préparez cette salade tiède garnie de poulet grillé.*

| | | |
|---|---|---|
| 1/3 t | huile d'olive | 75 ml |
| 2 c. à tab | vinaigre de vin blanc | 30 ml |
| 3/4 c. à thé | marjolaine et sauge fraîches hachées (chacune) (ou 1/4 c. à thé/1 ml des mêmes herbes séchées) | 4 ml |
| 1/2 c. à thé | sel | 2 ml |
| 1/4 c. à thé | poivre | 1 ml |
| 1 c. à tab | moutarde de Dijon | 15 ml |
| 3 | poitrines de poulet, désossées et sans la peau | 3 |
| 6 t | laitues diverses déchiquetées | 1,5 L |
| 1 t | fromage suisse râpé | 250 ml |

■ Fouetter l'huile avec le vinaigre, la marjolaine, la sauge, le sel et le poivre. Dans un grand bol, mélanger 2 c. à table (30 ml) de la vinaigrette avec la moutarde. Ajouter le poulet en le retournant pour bien l'enrober de la préparation.

■ Faire griller le poulet sur une grille huilée, au-dessus d'une braise d'intensité moyenne-vive, ou à puissance moyenne sur le barbecue au gaz, pendant 6 minutes sur chaque côté ou jusqu'à ce qu'il ait perdu sa teinte rosée à l'intérieur. À mi-cuisson, badigeonner le poulet du reste de la moutarde.

■ Mélanger les laitues avec le fromage et le reste de la vinaigrette. Disposer sur quatre assiettes. Couper le poulet cuit en lanières de 1/2 po (1 cm) et disposer sur la salade. Donne 4 portions.

# Salade de poulet à la chinoise

*La marinade aigre-douce donne à cette salade une saveur bien particulière.*

| | | |
|---|---|---|
| 1 lb | poitrines de poulet désossées, sans la peau | 500 g |
| 1/4 t | sauce soya | 60 ml |
| 1/4 t | xérès sec | 60 ml |
| 1 c. à thé | gingembre | 5 ml |
| 1 | gousse d'ail, hachée fin | 1 |
| 1/4 lb | pois mange-tout, parés | 125 g |
| 1/4 t | coriandre fraîche hachée (facultatif) | 60 ml |
| 3 t | laitue chinoise (nappa) coupée en lanières | 750 ml |
| 1 t | germes de haricots mungo (fèves germées) | 250 ml |
| 4 | oignons verts, émincés | 4 |
| | **VINAIGRETTE** | |
| 1/4 t | graines de sésame | 60 ml |
| 1/4 t | huile d'arachide | 60 ml |
| 2 c. à tab | huile de sésame | 30 ml |
| 2 c. à tab | vinaigre de riz | 30 ml |
| 2 c. à thé | fécule de maïs | 10 ml |

■ Mettre le poulet dans un sac de plastique dans un plat. Mélanger la sauce soya, le xérès, le gingembre et l'ail. Verser sur le poulet. Expulser l'air du sac et fermer. Faire mariner au réfrigérateur pendant au moins 1 heure ou au plus 24 heures.

■ Dans une casserole d'eau bouillante, blanchir les pois mange-tout pendant 30 secondes. Égoutter aussitôt et refroidir en passant sous l'eau froide. Égoutter et réserver. Dans un saladier, mélanger la coriandre, la laitue, les germes de haricots et les oignons verts.

■ **Vinaigrette:** Dans une grande poêle à fond épais, faire griller les graines de sésame à feu moyen pendant 4 à 5 minutes ou jusqu'à ce qu'elles soient dorées, en secouant souvent la poêle. Retirer de la poêle et réserver.

■ Dans la même poêle, faire chauffer 1 c. à table (15 ml) de l'huile d'arachide à feu moyen-vif jusqu'à ce qu'elle soit grésillante. Retirer le poulet de la marinade en réservant 1/4 tasse (60 ml) de celle-ci. Cuire le poulet pendant environ 4 minutes sur chaque côté ou jusqu'à ce qu'il ait perdu sa teinte rosée à l'intérieur. Couper le poulet en fines lanières et l'ajouter à la salade.

■ Dans une petite casserole, mélanger la marinade réservée, le reste de l'huile d'arachide, l'huile de sésame, le vinaigre et la fécule. Amener à ébullition et faire bouillir, en remuant constamment, pendant 3 minutes. Verser sur la salade et mélanger délicatement. Parsemer des graines de sésame et garnir des pois mange-tout. Servir aussitôt. Donne 4 portions.

# Poulet au miel et à l'abricot

*Ce poulet apprêté à la marocaine est délicieux servi avec du couscous ou du riz.*

| | | |
|---|---|---|
| 1 | poulet (3 1/2 à 4 lb/1,75 à 2 kg) | 1 |
| 3/4 c. à thé | coriandre, gingembre et cumin moulus (chacun) | 4 ml |
| 1/2 c. à thé | curcuma | 2 ml |
| | Une pincée de cannelle, de sel et de poivre | |
| 1 c. à tab | beurre et huile d'olive (chacun) | 15 ml |
| 2 | oignons, émincés | 2 |
| 2 | gousses d'ail, hachées fin | 2 |
| 1/2 t | bouillon de poulet | 125 ml |
| 1/3 t | miel liquide | 75 ml |
| 2 | citrons, tranchés | 2 |
| | Bâtons de cannelle (facultatif) | |
| 1 c. à tab | fécule de maïs | 15 ml |
| 4 | abricots en boîte, coupés en quatre | 4 |

■ Couper le poulet en 8 morceaux. Retirer la peau. Dans un grand bol, mélanger le cumin, le gingembre, la coriandre, le curcuma, la cannelle, le sel et le poivre. Ajouter les morceaux de poulet et bien les en enrober.

■ Dans une grande poêle, faire fondre le beurre avec l'huile à feu moyen-vif. Y cuire le poulet pendant 10 à 12 minutes ou jusqu'à ce qu'il soit doré sur tous les côtés. Jeter le gras de la poêle sauf 1 c. à table (15 ml). Ajouter les oignons et l'ail. Verser 1/3 tasse (75 ml) du bouillon de poulet et le miel, en remuant et en nappant le poulet du liquide.

■ Disposer la moitié des tranches de citron sur le poulet. Mettre quelques bâtons de cannelle entre les morceaux de poulet, si désiré. Amener à ébullition. Baisser le feu, couvrir et laisser mijoter, en arrosant de temps à autre, pendant 25 à 30 minutes ou jusqu'à ce que le poulet ait perdu sa teinte rosée à l'intérieur.

■ Mettre le poulet (jeter les tranches de citron) et les bâtons de cannelle dans un plat chaud et réserver au chaud. Amener le liquide de cuisson à ébullition à feu vif. Mélanger le reste du bouillon avec la fécule de maïs, et incorporer en fouettant au liquide bouillant. Cuire en brassant constamment pendant 3 minutes ou jusqu'à ce que la sauce soit épaisse et onctueuse. Ajouter le reste du citron et les abricots. Bien réchauffer. Rectifier l'assaisonnement et verser sur le poulet. Donne 6 portions.

# Poulet au paprika

*Le paprika hongrois est une épice délicate. Il donne à ce plat une touche agréablement piquante.*

| | | |
|---|---|---|
| 1 | poulet (environ 5 lb/2,5 kg), coupé en morceaux | 1 |
| 2 c. à tab | huile végétale | 30 ml |
| 3 t | oignons hachés | 750 ml |
| 4 c. à thé | paprika hongrois | 20 ml |
| 1 t | tomate pelée et hachée (1 grosse) | 250 ml |
| 1 t | poivron vert haché (1 gros) | 250 ml |
| 1 1/2 c. à thé | sel | 7 ml |
| 1/4 t | crème sure | 60 ml |

■ Bien essuyer les morceaux de poulet. Dans une grande poêle, faire chauffer l'huile à feu moyen-doux. Y cuire les oignons à couvert pendant 5 minutes, en remuant régulièrement, sans les faire dorer.

■ Ajouter le paprika et augmenter le feu à moyen-vif. Ajouter aussitôt les morceaux de poulet en les insérant dans les oignons. Cuire, en retournant le poulet de temps à autre, jusqu'à ce qu'il soit bien doré et enrobé de paprika.

■ Réduire le feu à moyen-doux. Incorporer la tomate, le poivron vert et le sel. Couvrir et cuire pendant 30 minutes ou jusqu'à ce que le poulet ait perdu sa teinte rosée à l'intérieur et que le jus qui s'en écoule soit clair.

■ Mettre le poulet dans un plat chaud. Dégraisser le jus de cuisson. Réduire la préparation en purée à l'aide du robot culinaire ou du mélangeur. Incorporer la crème sure. Rectifier l'assaisonnement. Napper le poulet de la sauce. Donne 6 portions.

# Sauté de poulet avec pois mange-tout et tomates cerises

*Ce plat apprêté à la chinoise regorge de saveur. Servez-le avec du riz cuit à la vapeur ou des nouilles.*

| | | |
|---|---|---|
| 1 1/2 lb | poitrines de poulet, désossées, sans la peau | 750 g |
| 1 c. à tab | fécule de maïs | 15 ml |
| 1 c. à tab | vin de riz | 15 ml |
| 1 c. à tab | sauce soya | 15 ml |
| 1 | blanc d'oeuf, légèrement battu | 1 |
| 1/3 t | huile d'arachide ou de maïs | 75 ml |
| 2 | gousses d'ail, hachées fin | 2 |
| 1 c. à tab | racine de gingembre hachée | 15 ml |
| 2 | oignons verts, hachés | 2 |
| 3/4 lb | pois mange-tout | 375 g |
| 2 t | tomates cerises | 500 ml |
| | Sel | |

### SAUCE

| | | |
|---|---|---|
| 1/2 t | bouillon de poulet | 125 ml |
| 2 c. à tab | sauce soya | 30 ml |
| 1 c. à tab | vin de riz | 15 ml |
| 2 c. à thé | fécule de maïs | 10 ml |
| 1 c. à thé | huile de sésame | 5 ml |

■ Couper le poulet en cubes de 1 1/2 po (4 cm). Dans un bol, mélanger le poulet, la fécule, le vin de riz, la sauce soya et le blanc d'oeuf. Laisser mariner pendant 20 minutes à la température de la pièce.

■ **Sauce:** Mélanger le bouillon de poulet, la sauce soya, le vin de riz, la fécule et l'huile de sésame. Réserver.

■ Dans un wok ou une poêle, faire chauffer 3 c. à table (45 ml) de l'huile d'arachide à feu vif. Y faire sauter le poulet jusqu'à ce qu'il ait perdu sa teinte rosée à l'intérieur. Retirer du wok et réserver. Bien essuyer le wok.

■ Faire chauffer le reste de l'huile dans le wok. Y faire sauter l'ail, le gingembre et les oignons verts pendant 1 minute ou jusqu'à ce qu'ils soient odorants. Ajouter les pois mange-tout et les faire sauter pendant 1 minute. Ajouter les tomates et le poulet, et les faire sauter pendant 1 minute.

■ Remuer la sauce et la verser dans le wok. Laisser cuire jusqu'à ce qu'elle bouille et épaississe. Rectifier l'assaisonnement si désiré. Donne 4 à 6 portions.

# Paella au poulet et à la saucisse au micro-ondes

*Grâce au four à micro-ondes, ce plat copieux se prépare en un tournemain.*

| | | |
|---|---|---|
| 1/2 lb | saucisses italiennes, coupées en morceaux de 1/2 po (1 cm) | 250 g |
| 1 | oignon, haché | 1 |
| 1 | poivron vert, haché | 1 |
| 2 | gousses d'ail, hachées fin | 2 |
| 1 t | riz à grain long | 250 ml |
| 1 | boîte (14 oz/398 ml) de tomates (non égouttées), hachées | 1 |
| 1 t | bouillon de poulet | 250 ml |
| 1/2 c. à thé | curcuma | 2 ml |
| | Une pincée de cayenne | |
| 1 lb | poitrines de poulet désossées, sans la peau, coupées en morceaux de 1 po (2,5 cm) | 500 g |
| | Sel et poivre | |
| 1 | oignon vert, haché | 1 |

■ Dans une casserole allant au micro-ondes d'une capacité de 12 tasses (3 L), mettre les saucisses, l'oignon, le poivron et l'ail. Cuire à découvert, à puissance maximale, pendant 4 à 6 minutes ou jusqu'à ce que les légumes soient tendres, en remuant deux fois.

■ Incorporer le riz, les tomates, le bouillon, le curcuma et le cayenne. Couvrir et cuire à puissance maximale pendant 8 à 10 minutes ou jusqu'à ce que la préparation bouille. Poursuivre la cuisson à puissance moyenne (50 %) pendant 5 minutes.

■ Ajouter le poulet. Couvrir et cuire à puissance moyenne (50 %) pendant 7 à 9 minutes ou jusqu'à ce que le riz soit tendre, que le poulet ait perdu sa teinte rosée et que le liquide ait été absorbé. Laisser reposer, à couvert, pendant 5 minutes. Saler et poivrer. Parsemer d'oignon vert haché. Donne 4 à 6 portions.

# *Poulet Cumberland farci au porc et au jambon*

*L'odeur qui se dégage de ce plat à la cuisson est telle qu'elle mettra en appétit même les moins gourmands.*

| | | |
|---|---|---|
| 12 | cuisses de poulet désossées | 12 |
| | **FARCE** | |
| 1 c. à tab | beurre | 15 ml |
| 1/2 t | oignon haché | 125 ml |
| 1/2 t | champignons hachés | 125 ml |
| 1/2 t | épinards frais hachés | 125 ml |
| 2 c. à tab | persil frais haché | 30 ml |
| 1/4 c. à thé | marjolaine, sauge et thym séchés (chacun) | 1 ml |
| 1/4 c. à thé | sel | 1 ml |
| | Poivre | |
| 1/2 lb | porc haché | 250 g |
| 1/4 lb | jambon, finement haché | 125 g |
| 3/4 t | miettes de pain frais | 175 ml |
| 1 | oeuf | 1 |
| | **SAUCE CUMBERLAND** | |
| 1 t | gelée de groseilles | 250 ml |
| 1/2 t | porto | 125 ml |
| 1/2 t | jus d'orange | 125 ml |
| 1/4 t | jus de citron | 60 ml |
| | Zeste de 1 orange coupé en lamelles | |
| 1/2 c. à thé | moutarde sèche | 2 ml |
| 1/2 c. à thé | gingembre | 2 ml |

■ **Farce:** Dans une poêle, faire fondre le beurre à feu moyen. Y cuire l'oignon jusqu'à ce qu'il soit tendre. Ajouter les champignons, les épinards, le persil, la marjolaine, la sauge, le thym, le sel et du poivre. Cuire pendant 2 minutes ou jusqu'à ce que la préparation soit odorante. Laisser refroidir.

■ Dans un bol, mélanger le porc, le jambon, le pain et l'oeuf. Ajouter la préparation aux légumes et bien mélanger. Remplir la cavité de chaque cuisse désossée avec une bonne cuillerée à table (15 ml) de farce et refermer avec la chair de la cuisse. Attacher avec de la ficelle. Déposer les cuisses le pli en dessous, en une seule couche, dans un plat graissé.

■ **Sauce Cumberland:** Dans une casserole, mélanger la gelée de groseilles, le porto, les jus d'orange et de citron, le zeste d'orange, la moutarde et le gingembre. Amener à ébullition en remuant constamment. Retirer du feu.

■ Verser 1/2 tasse (125 ml) de la sauce sur les cuisses. Cuire à découvert au four préchauffé à 350°F (180°C) pendant 1 1/4 heure, en arrosant de temps à autre, ou jusqu'à ce que le poulet soit doré et que le jus qui s'en écoule soit clair. Retirer les ficelles. Servir le reste de la sauce chaude avec le poulet. Donne 8 à 12 portions.

# Poitrines de poulet, sauce au fromage aux herbes

*Le fromage à la crème aux herbes, tel que le Boursin ou le Rondelé, donne à la sauce une saveur et une onctuosité sans pareilles. Accompagnez ce plat de pommes de terre vapeur et de carottes glacées.*

| | | |
|---|---|---|
| 6 | poitrines de poulet, désossées et sans la peau | 6 |
| | Sel et poivre | |
| | Farine | |
| 1/4 t | beurre doux | 60 ml |
| 6 oz | fromage à la crème aux herbes, en dés | 175 g |
| 1 t | crème à 35 % | 250 ml |
| 2 c. à tab | persil frais haché | 30 ml |

■ Bien essuyer le poulet. Saler et poivrer. Saupoudrer légèrement de farine.

■ Dans une grande poêle à fond épais, faire fondre le beurre à feu moyen. Y cuire le poulet pendant 5 à 6 minutes sur chaque côté ou jusqu'à ce qu'il ait perdu sa teinte rosée à l'intérieur. Mettre dans un plat de service et réserver au chaud.

■ Jeter le gras de la poêle. Ajouter le fromage et la crème. Cuire à feu moyen, en remuant constamment, jusqu'à ce que le fromage fonde et que la sauce épaississe légèrement. Rectifier l'assaisonnement. Verser sur le poulet et parsemer du persil haché. Donne 6 portions.

# Poitrines de poulet au citron et à la moutarde

*Accompagnez ce savoureux plat de poulet de poivron rouge et de petites pommes de terre cuits sur le gril. Faites bouillir les pommes de terre pour les cuire à demi avant de les faire griller. Badigeonnez légèrement les légumes d'huile de façon qu'ils soient tendres à l'intérieur et croustillants et dorés à l'extérieur.*

| | | |
|---|---|---|
| 4 | poitrines de poulet (environ 1 1/2 lb/750 g), désossées | 4 |
| 2 c. à tab | oignon vert haché fin | 30 ml |
| 2 c. à tab | moutarde de Dijon | 30 ml |
| 1 c. à tab | huile végétale | 15 ml |
| 2 c. à thé | zeste de citron grossièrement râpé | 10 ml |
| 1 c. à tab | jus de citron | 15 ml |
| 1 c. à thé | sauce Worcestershire | 5 ml |
| | Une pincée de poivre | |
| | Sel | |

■ Enlever la peau des poitrines si désiré. Dans un bol non métallique, mélanger l'oignon vert, la moutarde de Dijon, l'huile, le zeste et le jus de citron, la sauce Worcestershire et le poivre. Ajouter le poulet et le retourner dans la marinade pour bien l'enrober. Couvrir et faire mariner au réfrigérateur pendant au moins 2 heures ou au plus 8 heures.

■ Déposer les poitrines, la peau sur le dessus, sur une grille huilée, au-dessus d'une braise d'intensité moyenne-vive, ou à puissance moyenne-maximale sur le barbecue au gaz. Faire griller pendant environ 12 minutes, en les retournant deux fois, ou jusqu'à ce qu'elles soient bien dorées et qu'elles aient perdu leur teinte rosée à l'intérieur. Saler et poivrer. Donne 4 portions.

# Poulets rôtis garnis de cresson

*Apprêtés simplement, ces poulets sont un pur délice. Froids, ils sont idéals pour un pique-nique.*

| | | |
|---|---|---|
| 2 | poulets (environ 3 lb/ 1,5 kg chacun) | 2 |
| 1/3 t | beurre, ramolli | 75 ml |
| 1 c. à thé | zeste de citron râpé | 5 ml |
| 1 c. à thé | moutarde sèche | 5 ml |
| 1/4 c. à thé | poivre | 1 ml |
| 2 | petits oignons | 2 |
| 2 | feuilles de laurier | 2 |
| 2 | tiges de thym frais (ou 1 c. à thé/5 ml de thym séché) | 2 |
| 1 c. à thé | marjolaine séchée | 5 ml |
| | Sel | |
| 2 | bottes de cresson | 2 |

■ Bien essuyer les poulets à l'intérieur et à l'extérieur. Mélanger le beurre, le zeste de citron, la moutarde et le poivre. Réserver.

■ Dans la cavité de chaque poulet, mettre un oignon, une feuille de laurier, une tige de thym et la moitié de la marjolaine. Fermer les cavités avec des petites broches. Trousser les volailles.

■ Étendre uniformément la préparation au beurre sur les poulets. Mettre les poulets, la poitrine vers le haut, sur une grille dans une plaque à rôtir. Faire rôtir au four préchauffé à 325°F (160°C), en arrosant de temps à autre, pendant 1 1/2 heure ou jusqu'à ce que les poulets soient dorés et que le thermomètre à viande indique 185°F (85°C). Saler et laisser reposer pendant 5 minutes.

■ Enlever les grosses tiges du cresson. Disposer le cresson et les poulets sur un grand plat de service. Donne 12 portions.

# Brochettes de poulet au miel et au citron

*La marinade au miel et au citron, de même que la cuisson sur le gril, donnent à ces brochettes de poulet et de poivron un goût incomparable.*

| | | |
|---|---|---|
| 1 lb | poitrines de poulet désossées, sans la peau | 500 g |
| 1/4 t | miel liquide | 60 ml |
| 1/4 t | jus d'orange | 60 ml |
| 2 c. à tab | jus de citron | 30 ml |
| 1/2 c. à thé | zeste d'orange et de citron râpé (chacun) | 2 ml |
| 1/2 c. à thé | gingembre | 2 ml |
| 1 | gros poivron vert ou rouge | 1 |

■ Couper le poulet en cubes de 1 po (2,5 cm). Mettre dans un sac de plastique dans un bol.

■ Dans un bol allant au micro-ondes, mélanger le miel, les jus et les zestes d'orange et de citron.

Incorporer le gingembre. Cuire au micro-ondes à puissance maximale pendant 30 secondes, ou faire chauffer sur le feu, jusqu'à ce que le miel se dissolve. Verser sur le poulet et remuer pour enrober. Expulser l'air du sac et le fermer. Réfrigérer pendant au moins 2 heures ou au plus 12 heures.

■ Couper le poivron en morceaux de 1 po (2,5 cm). Égoutter le poulet et réserver la marinade. Enfiler, en les faisant alterner, les cubes de poulet et de poivron sur 4 brochettes huilées. Faire griller les brochettes à environ 5 po (12 cm) de la source de chaleur, en les retournant une fois et en les badigeonnant de la marinade réservée, pendant 8 minutes ou jusqu'à ce que le poulet soit tendre et ait perdu sa teinte rosée à l'intérieur. Donne 4 portions.

# Poulet teriyaki

*Ce poulet à la japonaise a une saveur délicieusement sucrée. Si vous désirez aussi le servir à la japonaise, avec des baguettes, coupez chaque portion en huit bouchées. Ce poulet est également excellent cuit sur le barbecue. Accompagnez-le de riz cuit à la vapeur et de pois mange-tout sautés.*

| | | |
|---|---|---|
| 6 | poitrines de poulet | 6 |
| 1/4 t | sucre | 60 ml |
| 1/4 t | sauce soya | 60 ml |
| 1/4 t | vin de cuisson japonais ou xérès | 60 ml |
| 1 | gousse d'ail, hachée fin | 1 |
| 1 c. à tab | racine de gingembre grossièrement hachée | 15 ml |
| | Huile végétale | |

■ Bien éponger le poulet. Dans une casserole, mélanger le sucre, la sauce soya, le vin, l'ail et le gingembre. Cuire à feu moyen pendant 5 à 10 minutes ou jusqu'à ce que la sauce soit légèrement sirupeuse.

■ Badigeonner d'huile une plaque à griller et la mettre à 4 po (10 cm) de la source de chaleur jusqu'à ce qu'elle soit chaude. Disposer le poulet sur la plaque et le badigeonner de sauce. Faire griller pendant 5 minutes. Badigeonner encore de sauce et faire griller pendant 5 minutes. Retourner les poitrines, les badigeonner et les faire griller jusqu'à ce qu'elles aient perdu leur teinte rosée à l'intérieur. Donne 6 portions.

# Poitrines de poulet aux fraises et au poivre rose

*Délice d'été, ce plat est aussi savoureux chaud que froid. Si vous ne pouvez vous procurer de poivre rose, remplacez-le par du poivre noir ou blanc concassé.*

| | | |
|---|---|---|
| 4 | poitrines de poulet désossées, sans la peau | 4 |
| | Farine | |
| 2 c. à tab | beurre | 30 ml |
| 1 c. à tab | huile végétale | 15 ml |
| 1/4 t | échalotes hachées | 60 ml |
| 1/4 t | vin blanc ou bouillon de poulet | 60 ml |
| 2 c. à tab | vinaigre de vin blanc ou de fraise | 30 ml |
| 2 c. à thé | grains de poivre rose | 10 ml |
| 1 t | fraises coupées en deux | 250 ml |

■ Saupoudrer les poitrines de poulet de farine. Dans une grande poêle, faire chauffer 1 c. à table (15 ml) du beurre avec l'huile à feu moyen-vif. Y cuire le poulet, en le retournant une fois, pendant 6 minutes ou jusqu'à ce qu'il soit bien doré et ait perdu sa teinte rosée à l'intérieur. Mettre dans un plat de service et réserver au chaud.

■ Jeter le gras de la poêle et y faire fondre le reste du beurre. Y cuire les échalotes, en remuant, pendant 2 minutes ou jusqu'à ce qu'elles soient tendres.

■ Ajouter le vin, le vinaigre et les grains de poivre. Amener à ébullition en raclant le fond de la poêle pour en détacher les particules. Laisser bouillir pendant 2 minutes ou jusqu'à ce que la sauce soit sirupeuse et réduite à environ 2 c. à table (30 ml). Ajouter les fraises et remuer pour les enrober de sauce. Verser aussitôt sur le poulet et servir. Donne 4 portions.

# Poulet aux amandes et aux petits oignons

*Si vous désirez obtenir une sauce un peu plus épaisse, mélangez 1 cuillerée à thé (5 ml) de fécule de maïs avec le bouillon de poulet avant de l'ajouter dans la poêle.*

| | | |
|---|---|---|
| 1 t | oignons perlés | 250 ml |
| 1 c. à tab | beurre | 15 ml |
| 1 c. à tab | huile végétale | 15 ml |
| 1 | lanière de zeste de citron | 1 |
| 1/2 c. à thé | cassonade tassée | 2 ml |
| 3/4 lb | poitrines de poulet | 375 g |
| 1/4 t | amandes mondées | 60 ml |
| 1/2 t | bouillon de poulet | 125 ml |
| | Une pincée de muscade | |
| | Sel et poivre | |

■ Couvrir les oignons d'eau bouillante et laisser reposer pendant 2 minutes. Égoutter et enlever les pelures. Faire une petite incision à la base.

■ Dans une poêle, faire fondre le beurre avec l'huile à feu moyen. Ajouter les oignons et le zeste de citron. Saupoudrer de la cassonade. Couvrir et cuire pendant 3 minutes.

■ Entre temps, trancher le poulet dans le sens contraire des fibres en lanières de 1 po (2,5 cm) de largeur. Augmenter le feu à vif. Retirer et jeter le zeste de citron. Ajouter le poulet et les amandes. Cuire en remuant pendant 2 minutes ou jusqu'à ce que les oignons et les amandes soient dorés.

■ Verser le bouillon dans la poêle et racler le fond de l'ustensile pour en détacher les particules. Ajouter la muscade, du sel et du poivre. Réduire le feu à doux et cuire, à couvert, pendant 2 à 3 minutes ou jusqu'à ce que les oignons soient tendres-croquants et que le poulet ait perdu sa teinte rosée à l'intérieur. Donne 4 portions.

---

*TRUCS ET CONSEILS*

• *Conserver le poulet dans la partie la plus froide du réfrigérateur pendant tout au plus 48 heures, ou pendant 6 mois au congélateur.*

• *Rincer, essuyer et bien envelopper le poulet avant de le mettre au réfrigérateur ou au congélateur.*

• *Mettre le poulet sur un plateau sur la dernière clayette du réfrigérateur afin d'éviter que le jus de la volaille ne coule sur d'autres aliments.*

• *Toujours servir le poulet cuit sur un plat propre; ne jamais utiliser un plat qui aurait contenu le poulet cru ou une autre viande.*

• *Mettre immédiatement les restes de poulet au réfrigérateur, sans attendre qu'ils refroidissent.*

• *Se laver les mains avec de l'eau chaude savonneuse avant et après avoir manipulé le poulet cru.*

• *Utiliser une planche à découper en plastique (polyéthylène) et la laver, avec tous les ustensiles et couteaux, dans de l'eau chaude savonneuse additionnée de quelques gouttes d'eau de Javel immédiatement après l'avoir utilisée. Rincer et essuyer.*

• *Cuire le poulet jusqu'à ce que le thermomètre à viande indique 185°F (85°C). La viande blanche ne devrait plus être rosée et le jus de la viande brune devrait être clair.*

• *Pour réduire l'apport en calories et en matières grasses, retirer la peau du poulet avant de le cuire. Une poitrine rôtie, de grosseur moyenne, contient environ 195 calories et 8 g de matières grasses avec la peau, et 140 calories et 3 g de matières grasses seulement sans la peau.*

# Poulet sauce au citron

*Comme plat d'accompagnement simple et rapide, servez des nouilles au beurre avec ce poulet au citron.*

| | | |
|---|---|---|
| 8 | poitrines de poulet, désossées et sans la peau (environ 3 lb/1,5 kg) | 8 |
| 1 | oeuf | 1 |
| 2 c. à tab | lait | 30 ml |
| 1 t | amandes broyées, grillées* | 250 ml |
| 1/2 t | chapelure | 125 ml |
| 1/2 c. à thé | poivre blanc | 2 ml |
| | Farine | |
| 3 c. à tab | huile végétale | 45 ml |
| 2 c. à tab | beurre | 30 ml |

| | SAUCE AU CITRON | |
|---|---|---|
| 1 c. à tab | beurre | 15 ml |
| 4 c. à thé | farine | 20 ml |
| 1 t | bouillon de poulet | 250 ml |
| 2 | jaunes d'oeufs | 2 |
| 1 c. à tab | jus de citron | 15 ml |
| 1 c. à thé | zeste de citron râpé | 5 ml |
| | Sel et poivre | |

■ Bien essuyer le poulet. Battre l'oeuf avec le lait. Mélanger les amandes avec la chapelure et le poivre. Saupoudrer légèrement le poulet de farine, puis le tremper dans l'oeuf en laissant égoutter le surplus. Déposer le poulet dans la chapelure aux amandes et le retourner pour bien l'enrober. Déposer sur une grille et couvrir d'un linge. Mettre au réfrigérateur pendant au moins 1 heure ou au plus 6 heures.

■ Dans une plaque à rebord de 15 × 10 po (40 × 25 cm), faire chauffer l'huile et le beurre au four préchauffé à 375°F (190°C) pendant 5 minutes. Déposer les poitrines de poulet en une seule couche dans la plaque. Cuire pendant 20 à 25 minutes ou jusqu'à ce que le poulet ait perdu sa teinte rosée à l'intérieur, en le retournant à mi-cuisson. Retirer de la plaque et mettre dans un plat de service.

■ **Sauce au citron:** Dans une casserole, faire fondre le beurre à feu moyen-vif. Incorporer la farine en fouettant et remuer pendant 30 secondes. Incorporer graduellement le bouillon en fouettant. Cuire en remuant constamment pendant 4 à 5 minutes ou jusqu'à ce que la sauce bouille et soit légèrement épaisse. Réduire le feu à doux.

■ Fouetter les jaunes d'oeufs avec le jus de citron, et incorporer à la sauce en fouettant. Cuire en remuant constamment pendant 2 à 3 minutes ou jusqu'à ce que la sauce nappe légèrement une cuillère de bois (ne pas faire bouillir). Incorporer le zeste de citron. Saler et poivrer. Verser sur le poulet. Donne 8 portions.

*Pour griller les amandes, les faire chauffer, dans une petite poêle, à feu doux jusqu'à ce qu'elles soient légèrement dorées, pendant environ 5 minutes.

# Poulet à la king

*Voici un plat bien connu dont on ne se lasse jamais. Préparez-le avec du poulet ou de la dinde, et servez-le dans des vol-au-vent ou sur des toasts.*

| | | |
|---|---|---|
| 3 c. à tab | beurre | 45 ml |
| 3/4 t | champignons tranchés | 175 ml |
| 1/4 t | oignon haché | 60 ml |
| 1/4 t | céleri haché | 60 ml |
| 1/4 t | poivron vert haché | 60 ml |
| 2 c. à tab | farine | 30 ml |
| 1 t | crème à 10 % | 250 ml |
| 1/2 t | bouillon de poulet | 125 ml |
| 1 c. à tab | xérès sec (facultatif) | 15 ml |
| | Sel et poivre | |
| 2 t | poulet cuit, en cubes | 500 ml |
| 2 c. à tab | piment doux haché | 30 ml |

■ Dans une poêle, faire fondre 1 c. à table (15 ml) du beurre à feu moyen. Y cuire les champignons, l'oignon, le céleri et le poivron jusqu'à ce qu'ils soient tendres. Avec une écumoire, retirer les légumes de la poêle et réserver.

■ Faire fondre le reste du beurre dans la poêle. Incorporer la farine et faire chauffer jusqu'à ce que le mélange bouille. Incorporer la crème et le bouillon et cuire, en remuant constamment, jusqu'à ce que la sauce soit bouillonnante et épaisse. Faire bouillir pendant 2 minutes. Si désiré, incorporer le xérès. Saler et poivrer.

■ Incorporer les légumes réservés, le poulet et le piment doux. Faire chauffer en brassant de temps à autre. Donne 4 portions.

# Poulet rôti au citron et au romarin

*Le citron et le romarin donnent au poulet rôti une saveur délicate et subtile. Le plat sera beaucoup moins savoureux si vous utilisez de la poudre de romarin à la place du romarin déshydraté et broyé.*

| | | |
|---|---|---|
| 1 | poulet (3 1/2 lb/1,75 kg) | 1 |
| 1 c. à tab | romarin séché | 15 ml |
| 1 | citron, coupé en deux | 1 |
| 1/4 t | bouillon de poulet | 60 ml |

■ Essuyer le poulet à l'intérieur et à l'extérieur. Parsemer du romarin à l'intérieur et à l'extérieur. Mettre un demi-citron dans la cavité et presser le jus de l'autre demie sur le poulet. Trousser le poulet et le mettre sur une grille graissée dans une plaque à rôtir.

■ Faire rôtir au four préchauffé à 325°F (160°C), en inclinant la plaque pour faire couler le jus de la cavité et en arrosant le poulet de temps à autre, pendant 2 heures ou jusqu'à ce que le jus qui s'écoule du poulet soit clair et qu'un thermomètre à viande indique 185°F (85°C). Jeter le demi-citron.

■ Mettre le poulet dans un plat. Dégraisser le liquide de cuisson. Ajouter le bouillon dans la plaque et faire chauffer à feu moyen en raclant le fond de l'ustensile. Passer la sauce au tamis et servir avec le poulet. Donne 4 portions.

# Poulet à l'orange et à la coriandre

*Ce plat odorant et à la saveur délicate est idéal pour un petit souper entre amis.*

| | | |
|---|---|---:|
| **4** | **poitrines de poulet, désossées et sans la peau** | **4** |
| **1 1/2 c. à thé** | **coriandre moulue** | **7 ml** |
| | **Une pincée de cannelle** | |
| | **Sel et poivre** | |
| **2 c. à tab** | **beurre** | **30 ml** |
| **1** | **oignon, haché** | **1** |
| **1** | **gousse d'ail, hachée fin** | **1** |
| **1 c. à thé** | **zeste d'orange grossièrement râpé** | **5 ml** |
| **1/2 t** | **jus d'orange** | **125 ml** |
| **1/2 t** | **vermouth blanc sec ou bouillon de poulet** | **125 ml** |
| **1** | **orange** | **1** |

■ Si désiré, aplatir les poitrines entre deux feuilles de pellicule de plastique jusqu'à ce qu'elles aient 1/4 po (5 mm) d'épaisseur. Mélanger la coriandre et la cannelle avec du sel et du poivre. Faire pénétrer dans le poulet en frottant.

■ Dans une grande poêle, faire chauffer le beurre à feu moyen-vif. Y faire dorer le poulet sur les deux côtés pendant 4 à 6 minutes ou jusqu'à ce qu'il ait perdu sa teinte rosée à l'intérieur. Retirer de la poêle et réserver au chaud.

■ Réduire le feu à doux et cuire l'oignon et l'ail, à couvert, pendant 4 minutes ou jusqu'à ce qu'ils soient tendres. Ajouter le zeste d'orange, le jus et le vermouth. Amener à ébullition et laisser bouillir à feu vif pendant 4 minutes ou jusqu'à ce que la sauce soit sirupeuse.

■ Remettre le poulet avec son jus dans la poêle, en le retournant pour bien l'enrober de sauce. Bien réchauffer. Saler et poivrer. Couper l'orange en deux dans le sens de la longueur, puis trancher en travers. Disposer les tranches d'orange en éventail autour du poulet. Donne 4 portions.

# Gratin d'huîtres et de poulet

*Les huîtres donnent à ce plat un air de fête. Utilisez des huîtres fraîches pour l'apprêter.*

| | | |
|---|---|---:|
| 2 lb | poitrines de poulet désossées | 1 kg |
| 1 t | beurre | 250 ml |
| 1/2 t | vin blanc sec | 125 ml |
| 3 t | craquelins émiettés finement | 750 ml |
| 3 1/2 t | petites ou moyennes huîtres fraîchement débarrassées de leur coquille (environ 1 3/4 lb/ 875 g), avec le jus réservé | 875 ml |
| 3/4 t | crème à 35 % | 175 ml |
| 2 c. à tab | bitter aromatique | 30 ml |
| 2 c. à thé | sauce Worcestershire | 10 ml |
| 1 1/2 c. à thé | sel | 7 ml |
| 1/2 c. à thé | poivre | 2 ml |
| 1/2 c. à thé | thym séché | 2 ml |
| | Un filet de sauce au piment fort (ou une pincée de cayenne) | |
| | Persil frais | |

■ Couper le poulet en bouchées. Dans une poêle, faire chauffer 1/4 tasse (60 ml) du beurre à feu moyen-vif. Y faire dorer le poulet par petites quantités. Retirer le poulet de la poêle au fur et à mesure et réserver.

■ Jeter le gras de la poêle. Ajouter le vin et amener à ébullition en raclant le fond de la poêle pour en détacher les particules. Retirer du feu.

■ Dans une casserole, faire fondre le reste du beurre. Ajouter les craquelins émiettés et remuer pour bien les enrober de beurre. Réserver.

■ Égoutter les huîtres en en réservant le jus dans une tasse à mesurer. Ajouter de l'eau, si nécessaire, pour obtenir 3/4 tasse (175 ml) de liquide.

■ Étendre en pressant le tiers des craquelins dans un plat allant au four de 13 × 9 po (3 L), graissé. Mélanger le poulet avec les huîtres, et couvrir les craquelins de la moitié du mélange. Étendre la moitié du reste des craquelins sur les huîtres et le poulet. Couvrir du reste du mélange huîtres-poulet. Terminer avec une dernière couche de craquelins en pressant légèrement la préparation.

■ Mélanger le jus des huîtres avec le vin, la crème, le bitter aromatique, la sauce Worcestershire, le sel, le poivre, le thym et la sauce au piment fort. Verser dans le plat. Cuire au four préchauffé à 375°F (190°C) pendant 20 à 25 minutes ou jusqu'à ce que la préparation soit bouillonnante. Garnir de persil frais et servir aussitôt. Donne 8 portions.

# Poitrines de poulet, sauce à l'orange et au cari

*Ce mets, facile et rapide à préparer, convient parfaitement à un repas de réception.*

| | | |
|---|---|---|
| 1 | grosse orange | 1 |
| 4 | poitrines de poulet désossées, sans la peau, bien aplaties | 4 |
| 1/2 c. à thé | sel | 2 ml |
| 1/4 c. à thé | poivre | 1 ml |
| 2 c. à thé | farine | 10 ml |
| 1/4 t | beurre | 60 ml |
| 2 | oignons verts, hachés | 2 |
| 1/2 t | bouillon de poulet | 125 ml |
| 1 c. à thé | jus de lime | 5 ml |
| | Une pincée de cari | |

■ Prélever le zeste de l'orange et le réserver. Enlever la peau blanche de l'orange et la défaire en quartiers. Réserver.

■ Saler et poivrer le poulet. Le saupoudrer de la farine. Dans une grande poêle à fond épais, faire chauffer 2 c. à table (30 ml) du beurre à feu moyen-vif. Y faire sauter le poulet pendant 3 minutes ou jusqu'à ce qu'il soit légèrement doré sur les deux côtés. Retirer de la poêle et réserver.

■ Ajouter 1 c. à table (15 ml) du reste du beurre dans la poêle. Y cuire les oignons verts pendant 1 minute ou jusqu'à ce qu'ils soient tendres. Mettre les oignons verts avec le poulet.

■ Jeter le gras de la poêle et y verser le bouillon. Amener à ébullition en raclant le fond de la poêle pour en détacher les particules. Ajouter le jus de lime, le cari et le zeste d'orange. Cuire pendant 1 minute. Remettre le poulet et les oignons verts dans la poêle. Réduire le feu à doux et laisser mijoter à couvert pendant 3 minutes ou jusqu'à ce que le poulet ait perdu sa teinte rosée à l'intérieur.

■ Avec une écumoire, mettre le poulet dans un plat de service. Ajouter le reste du beurre dans la poêle et cuire, en brassant, pendant 1 minute ou jusqu'à ce que la sauce ait légèrement épaissi. Napper le poulet de la sauce et garnir des quartiers d'orange. Donne 4 portions.

# Poulet à la crème et aux poireaux

*Le goût prononcé des anchois s'estompe à la cuisson, laissant au poulet une saveur merveilleusement subtile.*

| | | |
|---|---|---|
| 4 | poitrines de poulet désossées, sans la peau | 4 |
| 1/4 t | huile d'olive | 60 ml |
| 2 | gousses d'ail, hachées fin | 2 |
| 4 | filets d'anchois, hachés (ou 2 c. à thé/10 ml de pâte d'anchois) | 4 |
| 4 | poireaux (partie blanche seulement), tranchés | 4 |
| 1 t | vin blanc sec | 250 ml |
| 1/2 c. à thé | romarin séché | 2 ml |
| | Une pincée de poivre noir et de cayenne | |
| 1 t | crème à 35 % | 250 ml |
| 2 t | épinards coupés en lanières | 500 ml |
| 1/3 t | parmesan frais râpé | 75 ml |
| 3/4 lb | coquilles ou boucles | 375 g |
| 1 c. à tab | beurre | 15 ml |

■ Couper le poulet en lanières de 2 po (5 cm) de longueur et de 1/2 po (1 cm) de largeur. Réserver.

■ Dans une grande poêle, faire chauffer l'huile à feu moyen. Y cuire l'ail, les anchois et les poireaux pendant 2 minutes ou jusqu'à ce que les poireaux soient tendres. Ajouter le poulet et cuire, en remuant de temps à autre, pendant 4 minutes ou jusqu'à ce que le poulet ait perdu sa teinte rosée à l'intérieur. Avec une écumoire, retirer le poulet de la poêle et le réserver.

■ Ajouter le vin, le romarin, le poivre et le cayenne. Amener à ébullition et cuire pendant 2 minutes. Incorporer la crème et amener de nouveau à ébullition. Réduire le feu à doux et laisser mijoter pendant 1 minute ou jusqu'à ce que la sauce ait légèrement épaissi. Remettre le poulet dans la poêle. Incorporer les épinards et le parmesan, et faire chauffer jusqu'à ce que la sauce soit bouillonnante.

■ Entre temps, dans une grande casserole d'eau bouillante salée, faire cuire les pâtes jusqu'à ce qu'elles soient tendres mais encore fermes. Bien égoutter et enrober du beurre. Mettre dans un grand bol de service chaud et verser dessus la sauce au poulet. Donne 4 portions.

# Poulet rôti à l'orange et à l'abricot

*Ce poulet rôti, glacé et bien doré, est délicieusement parfumé à l'orange et à l'abricot.*

| | | |
|---|---|---|
| 1 | poulet (environ 3 lb/1,5 kg) | 1 |
| | Sel et poivre | |
| 2 | oranges, non pelées, tranchées | 2 |
| 1 c. à tab | beurre et huile végétale (chacun) | 15 ml |
| 1/2 t | jus d'orange | 125 ml |
| 12 | abricots séchés | 12 |
| 1/4 t | cassonade tassée | 60 ml |
| 2 c. à tab | vinaigre de cidre | 30 ml |
| 1 c. à tab | zeste d'orange râpé | 15 ml |
| 2 c. à thé | moutarde de Dijon | 10 ml |
| 1 c. à tab | fécule de maïs | 15 ml |
| 3/4 t | eau froide | 175 ml |
| | Tiges de persil ou de cresson (facultatif) | |

■ Bien essuyer le poulet. Saupoudrer l'intérieur du poulet de sel et de poivre. Mettre la moitié des tranches d'orange dans la cavité, puis trousser le poulet.

■ Dans une petite plaque à rôtir, faire fondre le beurre avec l'huile à feu moyen-vif. Ajouter le poulet et le faire dorer sur tous les côtés pendant 4 à 5 minutes. Cuire le poulet, la poitrine sur le dessus, à découvert, dans un four préchauffé à 375°F (190°C) pendant 45 minutes.

■ Entre temps, dans une petite casserole, amener le jus d'orange à ébullition. Retirer du feu et ajouter les abricots. Laisser tremper pendant 20 minutes. Retirer les abricots et les réserver.

■ Dans la casserole, ajouter la cassonade, le vinaigre, le zeste d'orange et la moutarde. Amener à ébullition et laisser bouillir, à découvert, pendant 3 à 5 minutes ou jusqu'à ce que la sauce ait légèrement épaissi.

■ Verser la moitié de la sauce sur le poulet et disposer les abricots autour de la volaille. Poursuivre la cuisson au four pendant 10 minutes. Badigeonner avec le reste de la sauce et remettre dans le four pendant 10 à 15 minutes ou jusqu'à ce que le thermomètre à viande indique 185°F (85°C). Disposer le poulet et les abricots dans un plat de service chaud. Couvrir sans serrer de papier d'aluminium. Dégraisser le liquide de cuisson.

■ Mélanger la fécule avec l'eau froide et incorporer au jus de cuisson. Cuire à feu moyen-vif pendant 2 minutes, en remuant constamment, jusqu'à ce que la sauce soit épaisse et homogène. Saler et poivrer.

■ Garnir le poulet avec le reste des tranches d'orange et, si désiré, des tiges de persil. Servir avec la sauce. Donne 4 portions.

# Poitrines de poulet à la normande

*La combinaison poulet, pommes et crème est typiquement normande. La Normandie est aussi reconnue pour son calvados, une eau-de-vie de cidre. Cette recette est une variante d'un plat traditionnel parfaitement adaptée à notre cuisine. Servez ce plat avec du riz et du brocoli cuit à la vapeur.*

| | | |
|---|---|---|
| 6 | poitrines de poulet, désossées et sans peau | 6 |
| | Sel et poivre | |
| | Farine | |
| 3 c. à tab | beurre doux | 45 ml |
| 1 | oignon, finement haché | 1 |
| 2 | branches de céleri, finement hachées | 2 |
| 2 | pommes, pelées, parées et hachées | 2 |
| 2 c. à tab | brandy ou calvados | 30 ml |
| 1/2 t | cidre, vin blanc ou bouillon de poulet | 125 ml |
| 3/4 t | crème à 35 % | 175 ml |
| 2 | jaunes d'oeufs | 2 |
| 2 c. à tab | amandes tranchées grillées | 30 ml |

■ Bien essuyer le poulet. Saler et poivrer. Saupoudrer légèrement de farine.

■ Dans une grande poêle, faire fondre le beurre à feu moyen-vif. Y faire dorer légèrement le poulet sur les deux côtés. Retirer de la poêle.

■ Jeter le gras de la poêle sauf 2 c. à table (30 ml). Ajouter l'oignon, le céleri et les pommes. Cuire jusqu'à ce que les ingrédients soient tendres et odorants.

■ Ajouter le brandy et le cidre, et amener à ébullition. Remettre le poulet dans la poêle et réduire le feu. Couvrir d'une feuille de papier ciré graissée et cuire à feu doux pendant 15 minutes ou jusqu'à ce que le poulet ait perdu sa teinte rosée à l'intérieur. Mettre le poulet dans un plat de service et réserver au chaud.

■ À l'aide du mélangeur ou du robot culinaire, réduire en purée la préparation aux légumes et aux pommes, et remettre dans la poêle. Amener à ébullition et laisser cuire jusqu'à ce qu'il ne reste plus que 1 tasse (250 ml) de la préparation. Incorporer 1/2 tasse (125 ml) de la crème. Amener de nouveau à ébullition et laisser un peu réduire. Retirer du feu.

■ Mélanger les jaunes d'oeufs avec le reste de la crème. Y incorporer une petite quantité de la sauce chaude, puis verser le tout dans la poêle. Cuire à feu doux, en remuant, jusqu'à ce que la sauce ait légèrement épaissi. Rectifier l'assaisonnement. Verser sur le poulet et parsemer des amandes. Donne 6 portions.

# Poulet épicé à la jamaïquaine

*Le piment de la Jamaïque et le piment fort haché donnent à ce poulet grillé toute sa saveur et son piquant.*

| | | |
|---|---|---|
| 1/2 t | oignons verts hachés fin | 125 ml |
| 1/4 t | jus d'orange | 60 ml |
| 1 c. à tab | racine de gingembre hachée fin | 15 ml |
| 1 c. à tab | piment fort haché fin | 15 ml |
| 1 c. à tab | jus de lime ou de citron | 15 ml |
| 1 c. à tab | sauce soya claire | 15 ml |
| 1 | gousse d'ail, hachée fin | 1 |
| 1 c. à thé | piment de la Jamaïque | 5 ml |
| 1/4 c. à thé | cannelle | 1 ml |
| | Une pincée de clou de girofle | |
| 2 lb | cuisses de poulet | 1 kg |

■ Dans un plat en verre peu profond, mélanger les oignons verts, le jus d'orange, le gingembre, le piment, le jus de lime, la sauce soya, l'ail, le piment de la Jamaïque, la cannelle et le clou de girofle.

Ajouter le poulet, couvrir et faire mariner au réfrigérateur, en retournant les morceaux de poulet de temps à autre, pendant au moins 2 heures et au plus 8 heures.

■ Retirer le poulet de la marinade en remettant dans la marinade, à l'aide d'un petit pinceau, tout morceau de piment qui aurait adhéré au poulet.

■ Mettre les cuisses de poulet sur une grille huilée au-dessus d'une braise d'intensité moyenne-vive, ou à puissance moyenne sur le barbecue au gaz. Faire cuire, en retournant de temps à autre, pendant 15 minutes. Arroser de marinade et poursuivre la cuisson pendant 15 à 25 minutes, en arrosant du reste de la marinade, ou jusqu'à ce que le jus qui s'écoule des cuisses lorsqu'on les pique soit clair. Donne 4 portions.

---

*MORCEAUX DE POULET GRILLÉS*
*Déposez les morceaux sur la grille; badigeon-*
*nez d'huile ou de marinade et retournez*
*souvent pour éviter qu'ils ne brûlent. Faites*
*cuire les ailes pendant 7 à 8 minutes sur*
*chaque côté, les poitrines désossées pendant*
*6 à 7 minutes sur chaque côté, les morceaux*
*avec des os pendant 30 à 40 minutes.*

# Poulet aux tomates et au maïs

*La saveur des tomates fraîches et juteuses se marie à merveille à celle du maïs, tendre et sucré, dans ce savoureux plat de poulet en sauce. Accompagnez-le de pain de maïs (voir Pain de maïs éclair, p. 50) cuit dans des moules à pain en forme d'épi de maïs.*

| | | |
|---|---|---|
| 6 | gros pilons | 6 |
| 1/4 t | farine | 60 ml |
| 2 c. à thé | paprika | 10 ml |
| 1/2 c. à thé | sel et poivre (chacun) | 2 ml |
| 2 c. à tab | beurre | 30 ml |
| 2 c. à tab | huile végétale | 30 ml |
| 1/2 t | oignon haché | 125 ml |
| 1 t | jus de tomate | 250 ml |
| 1 c. à tab | basilic frais haché | 15 ml |
| 3 | tomates, pelées, coupées en quatre et épépinées | 3 |
| 2 | épis de maïs, épluchés et coupés en bouchées | 2 |
| | Feuilles de basilic frais | |

■ Rincer le poulet et bien l'essuyer. Mettre la farine, le paprika, le sel et le poivre dans un sac. Ajouter les pilons, quelques-uns à la fois, et secouer le sac pour bien les enrober des assaisonnements. Réserver 1 c. à table (15 ml) des assaisonnements.

■ Dans une grande poêle allant au four, faire chauffer le beurre et l'huile à feu moyen. Y faire dorer le poulet pendant 5 minutes sur chaque côté. Retirer le poulet de la poêle et le réserver au chaud.

■ Ajouter l'oignon dans la poêle et cuire pendant 2 à 3 minutes ou jusqu'à ce qu'il soit tendre. Incorporer les assaisonnements réservés. Ajouter le jus de tomate et le basilic haché. Couper l'une des tomates en petits dés. Ajouter dans la poêle et amener à ébullition. Baisser le feu et laisser mijoter, en remuant souvent, pendant 5 à 8 minutes ou jusqu'à ce que la sauce ait épaissi. Rectifier l'assaisonnement si nécessaire.

■ Remettre le poulet dans la poêle. Ajouter le maïs. Couvrir et cuire au four préchauffé à 350°F (180°C) pendant 15 minutes. Retourner les morceaux de maïs et ajouter le reste des tomates. Poursuivre la cuisson pendant 10 à 15 minutes, en arrosant une ou deux fois, ou jusqu'à ce que le jus qui s'écoule des pilons lorsqu'on les pique avec une fourchette soit clair. Donne 4 à 6 portions.

# Poulet au gingembre et à la lime avec salsa

*Servez le reste de la salsa lors d'un autre repas et garnissez-en des pommes de terre cuites au four.*

| | | |
|---|---|---|
| 1 c. à tab | huile végétale | 15 ml |
| 1/4 c. à thé | zeste de lime râpé | 1 ml |
| 2 c. à thé | jus de lime | 10 ml |
| 1 c. à thé | moutarde de Dijon | 5 ml |
| 1 c. à thé | racine de gingembre râpée | 5 ml |
| 4 | poitrines de poulet désossées, sans la peau | 4 |
| | Poivre | |
| | Salsa (voir recette) | |

■ Dans un bol, fouetter l'huile avec le zeste et le jus de lime, la moutarde et le gingembre. Ajouter le poulet et le retourner pour l'enrober de la marinade. Couvrir et laisser mariner au réfrigérateur pendant au moins 1 heure ou au plus 8 heures.

■ Sur une grille huilée, au-dessus d'une braise d'intensité moyenne-vive, ou à puissance moyenne-maximale sur le barbecue au gaz, cuire le poulet pendant 4 à 6 minutes sur chaque côté ou jusqu'à ce qu'il ait perdu sa teinte rosée. Poivrer. Servir avec la salsa. Donne 4 portions.

| SALSA | | |
|---|---|---|
| 1 | poivron rouge | 1 |
| 1 1/2 c. à thé | huile végétale | 7 ml |
| 1 | gousse d'ail, hachée fin | 1 |
| 1 1/2 t | tomates pelées, épépinées et coupées en dés | 375 ml |
| 1 c. à tab | coriandre ou persil frais haché | 15 ml |
| 1 c. à tab | menthe fraîche hachée | 15 ml |
| 1 c. à tab | vinaigre de vin blanc | 15 ml |
| 1 c. à thé | jus de lime | 5 ml |
| 1/2 c. à thé | sucre | 2 ml |
| | Une pincée de sel | |
| | Sauce au piment fort | |

■ Faire griller le poivron jusqu'à ce qu'il soit carbonisé sur tous les côtés, pendant environ 15 minutes. Laisser refroidir. Peler, épépiner et hacher. Réserver dans un bol.

■ Dans une poêle, faire chauffer l'huile à feu moyen. Y cuire l'ail pendant 3 à 5 minutes ou jusqu'à ce qu'il soit tendre mais non doré. Ajouter au poivron avec les tomates, la coriandre, la menthe, le vinaigre, le jus de lime, le sucre, le sel et de la sauce au piment fort. *(La salsa peut être couverte et réfrigérée pendant une journée.)* Donne environ 2 tasses (500 ml) de salsa.

# Cuisses de poulet farcies aux épinards

*Ce plat savoureux, et économique, peut aussi être préparé avec des épinards congelés. En ce cas, faites-les bien dégeler, égouttez-les et hachez-les.*

| | | |
|---|---|---|
| 4 | cuisses de poulet | 4 |
| 1 c. à tab | beurre | 15 ml |
| 4 | petits champignons, hachés | 4 |
| 1 | oignon vert, haché | 1 |
| 1 | gousse d'ail, hachée fin | 1 |
| 1 | paquet (10 oz/284 g) d'épinards, parés | 1 |
| 1 | oeuf, battu | 1 |
| 1/4 t | parmesan frais râpé | 60 ml |
| 1/4 t | biscuits soda broyés | 60 ml |
| | Poivre et paprika | |

■ Avec les doigts, décoller la peau de la chair des cuisses mais sans la détacher. Réserver.

■ Dans une poêle, faire fondre le beurre à feu moyen. Y cuire les champignons, l'oignon et l'ail pendant 3 minutes ou jusqu'à ce que le jus des champignons se soit évaporé. Mettre dans un bol.

■ Rincer les épinards à l'eau froide sans trop les égoutter et les mettre dans une casserole. Cuire pendant 1 minute, jusqu'à ce que les feuilles soient ramollies. Retirer de la casserole et laisser refroidir légèrement. Presser les épinards pour en retirer toute l'eau de façon à obtenir 1/2 tasse (125 ml) d'épinards. Hacher et ajouter à la préparation aux champignons. Incorporer l'oeuf, le fromage et les biscuits.

■ Farcir chaque cuisse, sous la peau, de 1/4 tasse (60 ml) de la préparation. Disposer les cuisses sur une plaque graissée. Assaisonner de poivre et de paprika. Cuire à découvert, en arrosant de temps à autre, dans un four préchauffé à 350°F (180°C) pendant 45 minutes ou jusqu'à ce que le jus qui s'écoule des cuisses lorsqu'on les pique soit clair. Donne 4 portions.

# Poulet chasseur à l'italienne

*Les artichauts et les fines herbes donnent à ce plat de poulet toute sa saveur. Le plat se congèle bien et est idéal pour dépanner lorsque des amis arrivent à l'improviste.*

| | | |
|---|---|---:|
| 1 | pot (6 oz/170 ml) de cœurs d'artichauts marinés | 1 |
| 2 c. à tab | huile d'olive | 30 ml |
| 3 lb | morceaux de poulet | 1,5 kg |
| 3 c. à tab | farine | 45 ml |
| 1 | boîte (28 oz/796 ml) de tomates prunes (non égouttées), hachées | 1 |
| 1/2 t | vin blanc sec ou xérès | 125 ml |
| 2 | gousses d'ail, hachées fin | 2 |
| 1/2 lb | champignons, tranchés | 250 g |
| 1 c. à thé | origan et basilic frais hachés (chacun) (ou 1/2 c. à thé des mêmes herbes séchées) | 5 ml |
| 1/2 c. à thé | poivre | 2 ml |
| | Persil frais haché | |

■ Égoutter les artichauts et mettre la marinade dans une grande poêle. Ajouter l'huile et faire chauffer à feu moyen-vif. Saupoudrer les morceaux de poulet de la farine et les faire cuire dans la poêle pendant 15 à 20 minutes, en les retournant souvent, jusqu'à ce qu'ils soient bien dorés sur tous les côtés. Mettre les morceaux de poulet dans un plat allant au four d'une capacité de 12 tasses (3 L).

■ Jeter le gras de la poêle sauf 2 c. à table (30 ml). Ajouter les tomates avec leur jus, les artichauts, le vin, l'ail, les champignons, l'origan, le basilic et le poivre, en remuant la préparation et en raclant le fond de la poêle pour en détacher les particules. Verser sur le poulet. Couvrir lâchement et cuire au four préchauffé à 350°F (180°C) pendant 40 à 45 minutes ou jusqu'à ce que le poulet ait perdu sa teinte rosée à l'intérieur et que le jus qui s'en écoule soit clair. Garnir de persil haché. Donne 4 à 6 portions.

# Poulet à la grecque

*Cette casserole de poulet, accompagnée de pain et d'une salade croquante, constitue un repas complet. Si vous ne pouvez vous procurer de fromage feta, utilisez de la mozzarella.*

| | | |
|---|---|---:|
| 4 | cuisses de poulet (environ 1 1/2 lb/750 g) | 4 |
| 2 c. à tab | huile d'olive | 30 ml |
| 2 | gousses d'ail, hachées fin | 2 |
| 1 | oignon, haché | 1 |
| 1 | boîte (19 oz/540 ml) de tomates (non égouttées) | 1 |
| 1 | boîte (7 1/2 oz/213 ml) de sauce tomate | 1 |
| 1/4 t | vin blanc sec ou bouillon de poulet | 60 ml |
| 1/4 c. à thé | sel, sucre et origan séché (chacun) | 1 ml |
| | Une pincée de poivre | |
| 1 t | macaronis coupés (environ 4 oz/125 g) | 250 ml |
| 12 | olives noires (de préférence à l'huile) | 12 |
| 1/2 lb | fromage feta, rincé et émietté | 250 g |
| 2 c. à tab | persil frais haché | 30 ml |

■ Séparer les cuisses de poulet aux jointures et bien les essuyer. Dans un faitout, faire chauffer l'huile à feu moyen-vif. Y faire sauter les morceaux de poulet pendant 8 à 10 minutes ou jusqu'à ce qu'ils soient dorés. Réserver.

■ Jeter le gras du faitout sauf 2 c. à table (30 ml). Ajouter l'ail et l'oignon, et cuire pendant 3 minutes ou jusqu'à ce qu'ils soient tendres. Incorporer les tomates en les défaisant avec une cuillère de bois. Ajouter la sauce tomate, le vin, le sel, le sucre, l'origan et le poivre. Amener à ébullition. Réduire le feu et laisser mijoter à découvert pendant 5 à 10 minutes ou jusqu'à ce que la sauce ait épaissi. Remettre le poulet dans le faitout. Couvrir et cuire à feu moyen-doux pendant 15 à 20 minutes ou jusqu'à ce que le jus qui s'en écoule soit clair.

■ Entre temps, dans une grande casserole d'eau bouillante salée, cuire les macaronis pendant 8 minutes ou jusqu'à ce qu'ils soient tendres mais encore fermes. Égoutter. Ajouter les macaronis et les olives au poulet. Parsemer du fromage feta et du persil. Cuire au four préchauffé à 425°F (220°C) pendant 10 à 15 minutes ou jusqu'à ce que le feta ait fondu. Donne 4 portions.

# Poitrines de poulet et sauce crème aux noisettes

*Le goût des noisettes se marie très bien à celui du poulet. Servez ce poulet onctueux sur des fettuccine.*

| | | |
|---|---|---:|
| 4 | poitrines de poulet, désossées et sans la peau | 4 |
| | Sel et poivre | |
| | Farine | |
| 3 c. à tab | beurre doux | 45 ml |
| 1 t | crème à 35 % | 250 ml |
| 2 c. à tab | brandy ou cognac | 30 ml |
| 3/4 t | noisettes grillées hachées | 175 ml |
| 1 lb | fettuccine | 500 g |
| | Une pincée de muscade | |

■ Couper le poulet en lanières de 2 × 1 po (5 × 2,5 cm). Saler et poivrer. Saupoudrer légèrement de farine.

■ Dans une grande poêle à fond épais, faire fondre le beurre à feu moyen-vif. Y faire sauter le poulet jusqu'à ce qu'il soit légèrement doré sur tous les côtés. Retirer de la poêle.

■ Verser la crème et le brandy dans la poêle. Amener à ébullition en raclant le fond de l'ustensile pour en détacher les particules. Ajouter les noisettes et cuire pendant 5 minutes ou jusqu'à ce que la sauce épaississe légèrement. Remettre le poulet dans la poêle et laisser mijoter à découvert pendant 5 minutes ou jusqu'à ce que le poulet ait perdu sa teinte rosée à l'intérieur.

■ Entre temps, dans une grande casserole d'eau bouillante salée, faire cuire les nouilles jusqu'à ce qu'elles soient tendres mais encore fermes. Bien égoutter et mettre dans un grand bol ou un plat de service. Assaisonner de muscade et napper de la sauce au poulet. Donne 4 à 6 portions.

---

### LE SAUTÉ DE POULET

*Le plat de poulet le plus simple et le plus rapide à réaliser est probablement le sauté. Quelques ingrédients supplémentaires, tels que des oignons, des champignons et du poivron rouge, et du vin blanc ou de la crème pour la sauce, suffisent pour apprêter un délicieux sauté. Voici comment procéder.*

*• Épongez d'abord les morceaux de poulet avec du papier absorbant. Faites chauffer un corps gras à feu moyen-vif et faites-y dorer le poulet pendant 3 à 5 minutes sur chaque côté. Si vous utilisez du poulet désossé, retirez-le de la poêle et réservez-le au chaud.*

*• Ajoutez les légumes dans la poêle et faites-les*

*cuire jusqu'à ce qu'ils soient tendres et que les morceaux de poulet avec des os aient perdu leur teinte rosée à l'intérieur. Retirez le poulet de la poêle et réservez-le au chaud.*

*• Jetez presque tout le gras de la poêle et déglacez avec de l'eau, du bouillon, du vin blanc ou de la crème en raclant bien le fond de l'ustensile.*

*• Assaisonnez avec des herbes telles que du thym, de l'estragon ou du basilic, et du sel et du poivre. Si vous ne servez pas le poulet immédiatement, remettez-le dans la poêle et gardez-le au chaud sur un feu doux.*

# Poulet Tetrazzini

*Poulet et spaghetti, une combinaison gagnante pour ce plat gratiné que l'on peut préparer à l'avance.*

| | | |
|---|---|---|
| 3/4 lb | spaghetti | 375 g |
| 2 c. à tab | beurre | 30 ml |
| 3/4 t | champignons tranchés | 175 ml |
| 1 | branche de céleri, hachée | 1 |
| 2 | oignons verts, hachés | 2 |
| 1/4 t | poivron vert haché | 60 ml |
| 3 c. à tab | farine | 45 ml |
| 1 1/2 t | bouillon de poulet | 375 ml |
| 1 1/2 t | lait à faible teneur en matières grasses | 375 ml |
| 1/2 t | fromage suisse ou cheddar râpé | 125 ml |
| 1/2 c. à thé | sel | 2 ml |
| 1/4 c. à thé | poivre et marjolaine séchée (chacun) | 1 ml |
| | Une pincée de muscade | |
| 1 1/2 t | poulet cuit haché | 375 ml |

■ Dans une casserole d'eau bouillante salée, faire cuire les spaghetti jusqu'à ce qu'ils soient tendres mais encore fermes. Égoutter et passer sous l'eau froide. Réserver.

■ Dans une grande poêle, faire fondre le beurre à feu moyen. Y cuire les champignons, le céleri, les oignons verts et le poivron, en remuant, pendant 3 minutes. Saupoudrer de la farine et cuire en remuant pendant 2 minutes.

■ Verser graduellement le bouillon et le lait. Cuire en remuant pendant 5 à 7 minutes ou jusqu'à ce que la sauce ait épaissi. Ajouter la moitié du fromage et remuer pour le faire fondre. Ajouter le sel, le poivre, la marjolaine et la muscade. Incorporer le poulet.

■ Mélanger les spaghetti et la sauce. Rectifier l'assaisonnement. Mettre dans un plat graissé d'une capacité de 8 tasses (2 L) et parsemer du reste de fromage. Cuire au four préchauffé à 350°F (180°C) pendant 20 à 25 minutes ou jusqu'à ce que la préparation soit bouillonnante. Donne 4 portions.

# Poitrines de poulet glacées et pain de maïs

*Si vous êtes à la recherche d'une recette de poulet vraiment originale, celle-ci est tout à fait appropriée. Si vous manquez de temps pour préparer le pain de maïs, achetez huit muffins à la farine de maïs.*

| 8 | poitrines de poulet | 8 |
|---|---|---|
| | **GARNITURE** | |
| 3 c. à tab | beurre ou huile végétale | 45 ml |
| 1 | oignon, haché | 1 |
| 2 | gousses d'ail, hachées finement | 2 |
| 1 | branche de céleri, hachée | 1 |
| 2 | poivrons verts, en dés | 2 |
| 1 | boîte (4 oz/113 ml) de piments chilis verts en dés | 1 |
| 1/2 c. à thé | sel | 2 ml |
| 1/2 c. à thé | poivre | 2 ml |
| 4 t | pain de maïs éclair en dés (voir recette) | 1 L |
| 2 | oeufs, légèrement battus | 2 |
| 1 t | crème sure | 250 ml |
| 1 t | cheddar fort râpé | 250 ml |
| | **GLACE** | |
| 1/3 t | cassonade tassée | 75 ml |
| 1/3 t | marmelade d'oranges | 75 ml |
| 2 c. à tab | jus de citron | 30 ml |
| 1 c. à tab | moutarde de Dijon | 15 ml |
| 2 c. à thé | assaisonnement au chili | 10 ml |
| 1/2 c. à thé | cayenne | 2 ml |
| 1/2 c. à thé | paprika | 2 ml |

■ **Garniture:** Dans une grande poêle, faire fondre le beurre à feu moyen. Y cuire l'oignon et l'ail, en remuant souvent, pendant 5 minutes ou jusqu'à ce qu'ils soient tendres et odorants. Ajouter le céleri, les poivrons, les piments, le sel et le poivre. Cuire pendant 10 minutes ou jusqu'à ce que les légumes soient tendres. Incorporer les dés de pain.

■ Mélanger les oeufs avec la crème sure et le fromage. Incorporer à la préparation dans la poêle. Verser à la cuillère dans une cocotte graissée d'une capacité de 12 tasses (3 L). Cuire au four préchauffé à 350°F (180°C) pendant 30 à 40 minutes.

■ **Glace:** Mélanger la cassonade, la marmelade, le jus de citron, la moutarde, l'assaisonnement au chili, le cayenne et le paprika.

■ Bien essuyer les poitrines de poulet. Les disposer, la peau sur le dessus, sur une plaque à pâtisserie tapissée de papier d'aluminium. Badigeonner d'un peu de glace. Cuire au four préchauffé à 350°F (180°C), en arrosant de glace toutes les 15 minutes, pendant 40 à 45 minutes ou jusqu'à ce que le poulet ait perdu sa teinte rosée à l'intérieur. Servir avec la garniture. Donne 6 à 8 portions.

### PAIN DE MAÏS ÉCLAIR

| 1 t | farine tout usage | 250 ml |
|---|---|---|
| 1 t | farine de maïs | 250 ml |
| 2 c. à tab | sucre | 30 ml |
| 1 c. à tab | levure chimique (poudre à pâte) | 15 ml |
| 1/2 c. à thé | sel | 2 ml |
| 2 | oeufs | 2 |
| 1 t | lait | 250 ml |
| 1/4 t | beurre, fondu | 60 ml |

■ Dans un bol, mélanger les farines, le sucre, la levure chimique et le sel. Mélanger les oeufs avec le lait et le beurre. Ajouter aux ingrédients secs et remuer juste pour amalgamer. Verser la préparation dans un moule carré, graissé, de 8 po (2 L). Cuire au four préchauffé à 375°F (190°C) pendant 30 à 35 minutes ou jusqu'à ce que le dessus soit ferme et qu'un cure-dent inséré au centre du pain en ressorte propre. Laisser refroidir sur une grille.

# Poulet sauté au maïs

*Donnez à ce plat une touche du Sud-Ouest en le servant avec de la crème sure et des croustilles de maïs.*

| | | |
|---|---|---|
| 2 c. à tab | huile végétale | 30 ml |
| 1 | oignon, émincé | 1 |
| 1 | gousse d'ail, hachée fin | 1 |
| 1/2 | poivron rouge ou vert, émincé | 1/2 |
| 2 | poitrines de poulet désossées, sans la peau, coupées en lanières de 1/2 po (1 cm) | 2 |
| 3/4 t | maïs en boîte ou dégelé | 175 ml |
| 3 c. à tab | ketchup ou sauce chili | 45 ml |
| 1/2 c. à thé | assaisonnement au chili | 2 ml |
| | Une pincée de sel et de poivre | |
| 2 c. à tab | coriandre ou persil frais haché | 30 ml |

■ Dans une grande poêle à fond épais et à revêtement anti-adhésif, faire chauffer l'huile à feu vif. Y cuire l'oignon, l'ail et le poivron pendant 2 minutes ou jusqu'à ce qu'ils soient tendres. À l'aide d'une écumoire, mettre dans un plat et réserver.

■ Mettre le poulet dans la poêle et cuire pendant 2 à 4 minutes ou jusqu'à ce qu'il soit légèrement doré et ait perdu sa teinte rosée à l'intérieur. Ajouter le maïs, le ketchup, 1 c. à table (15 ml) d'eau et l'assaisonnement au chili. Bien réchauffer. Ajouter les légumes réservés, le sel et le poivre. Verser avec une cuillère dans un plat de service et parsemer de la coriandre. Donne 4 portions.

# Poulet sauté à la niçoise

*Ce plat, mi-ragoût mi-sauté, se prépare en une petite demi-heure. Servez-le sur du riz ou avec des pommes de terre bouillies.*

| | | |
|---|---|---|
| 1 | poulet (environ 3 lb/1,5 kg) | 1 |
| | Sel et poivre | |
| | Farine | |
| 3 c. à tab | huile végétale | 45 ml |
| 2 | oignons, hachés finement | 2 |
| 2 | gousses d'ail, hachées finement | 2 |
| 1 t | vin blanc sec | 250 ml |
| 1 c. à tab | pâte de tomates | 15 ml |
| 1 c. à thé | estragon et thym séchés (chacun) | 5 ml |
| 1 | feuille de laurier | 1 |
| 1 t | olives noires | 250 ml |
| 2 c. à tab | câpres | 30 ml |
| 3 c. à tab | persil frais haché | 45 ml |

■ Couper le poulet en une douzaine de morceaux. Bien essuyer les morceaux de poulet. Les saler et poivrer légèrement. Les saupoudrer d'un peu de farine.

■ Dans une grande poêle profonde, faire chauffer l'huile à feu moyen-vif. Y faire dorer les morceaux de poulet sur tous les côtés. Retirer de la poêle et mettre dans un plat.

■ Jeter le gras de la poêle sauf 2 c. à table (30 ml). Ajouter les oignons et l'ail, et cuire jusqu'à ce qu'ils soient tendres et odorants, mais non dorés. Ajouter le vin, la pâte de tomates, l'estragon, le thym, la feuille de laurier, du sel et du poivre. Remettre le poulet dans la poêle et amener à ébullition. Baisser le feu, couvrir et laisser mijoter pendant 30 minutes ou jusqu'à ce que le poulet ait perdu sa teinte rosée à l'intérieur et que le jus qui s'en écoule lorsqu'on le pique soit clair.

■ Mettre les morceaux de poulet dans un plat de service et réserver au chaud. Retirer la feuille de laurier. Ajouter les olives et les câpres dans la poêle. Cuire à feu vif, en remuant constamment, jusqu'à ce qu'il ne reste plus que 3/4 tasse (175 ml) de sauce. Verser la sauce sur le poulet. Parsemer du persil haché. Donne 4 portions.

# Poulet aux poivrons et aux tomates

*Apprêté avec une sauce aux tomates et aux poivrons assaisonnée de fines herbes, ce plat de poulet est dressé sur un lit de pâtes.*

| | | |
|---|---|---|
| 1 c. à tab | huile d'olive | 15 ml |
| 2 lb | morceaux de poulet | 1 kg |
| 2 | oignons, hachés | 2 |
| 2 | gousses d'ail, hachées fin | 2 |
| 1 c. à thé | basilic séché | 5 ml |
| 1/2 c. à thé | origan et thym séchés (chacun) | 2 ml |
| 1 | boîte (19 oz/540 ml) de tomates (non égouttées) | 1 |
| 1 | boîte (14 oz/398 ml) de sauce tomate | 1 |
| 2 t | poivrons grossièrement hachés | 500 ml |
| | Sel et poivre | |
| 3/4 lb | tire-bouchons ou spaghetti | 375 g |
| | Basilic frais | |

■ Dans une grande poêle, faire chauffer l'huile à feu moyen-vif. Y faire dorer le poulet sur tous les côtés pendant 7 à 10 minutes. Retirer de la poêle et réserver.

■ Réduire le feu à moyen. Ajouter les oignons, l'ail, le basilic, l'origan et le thym. Cuire en remuant pen-

dant 3 minutes. Ajouter les tomates, en les défaisant avec une fourchette, et la sauce tomate.

■ Remettre le poulet dans la poêle et amener la sauce à ébullition. Réduire le feu et laisser mijoter pendant 30 minutes en retournant le poulet et en remuant de temps à autre. Ajouter les poivrons et cuire pendant 5 à 10 minutes ou jusqu'à ce que le jus qui s'écoule du poulet lorsqu'on le pique soit clair. Saler et poivrer.

■ Entre temps, dans une grande casserole d'eau bouillante salée, cuire les pâtes jusqu'à ce qu'elles soient tendres mais fermes. Égoutter et disposer sur un plat de service. Dresser les morceaux de poulet avec la sauce sur les pâtes. Garnir de basilic frais. Donne 4 à 6 portions.

# Paella au poulet

*Pour une occasion spéciale, garnissez ce plat de crevettes et de moules.*

| | | |
|---|---|---|
| 1 1/2 c. à thé | huile végétale | 7 ml |
| 1 | oignon, haché | 1 |
| 2 | gousses d'ail, hachées fin | 2 |
| 1 lb | poitrines de poulet désossées, sans la peau, coupées en morceaux de 1 po (2,5 cm) | 500 g |
| 2 | poivrons (un rouge, un vert), coupés en morceaux de 1 po (2,5 cm) | 2 |
| 1 t | riz à grain court | 250 ml |
| 1 | boîte (14 oz/398 ml) de tomates, en purée | 1 |
| 1/2 c. à thé | sel | 2 ml |
| | Une pincée de poivre | |
| 3/4 t | bouillon de poulet | 175 ml |
| | Une pincée de safran | |
| 3 c. à tab | persil frais haché | 45 ml |

■ Badigeonner d'huile une poêle profonde ou un faitout. Y cuire l'oignon et l'ail à feu moyen pendant 3 à 5 minutes ou jusqu'à ce qu'ils soient tendres, en ajoutant 2 c. à table (30 ml) d'eau si l'oignon colle à la poêle.

■ Ajouter le poulet et cuire pendant 3 minutes en le retournant de temps à autre. Ajouter les poivrons et le riz en remuant pour bien les enrober. Incorporer les tomates, le sel et le poivre.

■ Faire chauffer le bouillon et y dissoudre le safran. Verser dans la poêle et bien mélanger. Amener à ébullition. Réduire le feu à doux, couvrir et cuire pendant 25 à 30 minutes ou jusqu'à ce que la plus grande partie du liquide ait été absorbée et que le riz soit tendre. Rectifier l'assaisonnement. Parsemer du persil. Donne 4 portions.

# Poulet aux artichauts et au citron

*Cuit à feu très doux, ce plat de poulet embaume le citron et l'origan.*

| | | |
|---|---|---|
| 1 | poulet (environ 3 lb/1,5 kg) | 1 |
| 2 c. à tab | huile d'olive | 30 ml |
| 3 | oignons, hachés | 3 |
| 2 | gousses d'ail, hachées fin | 2 |
| 1/4 t | xérès sec | 60 ml |
| 1 1/2 t | bouillon de poulet | 375 ml |
| 2 | feuilles de laurier | 2 |
| 1 1/2 c. à thé | origan séché | 7 ml |
| 1 1/2 c. à thé | menthe séchée | 7 ml |
| 1/4 c. à thé | poivre | 1 ml |
| 1 | citron | 1 |
| 16 | olives noires | 16 |
| 2 | pots (6 oz/170 ml chacun) de coeurs d'artichauts marinés, égouttés | 2 |
| 2 c. à tab | persil frais haché | 30 ml |

■ Couper le poulet en 8 morceaux. Dans une grande casserole à fond épais, faire chauffer l'huile à feu moyen-vif. Y faire dorer les morceaux de poulet, quelques-uns à la fois. Mettre dans un plat.

■ Jeter le gras de la poêle sauf 1 c. à table (15 ml). Y cuire les oignons et l'ail pendant 3 à 4 minutes ou jusqu'à ce qu'ils soient tendres. Déglacer avec le xérès en raclant bien le fond de la poêle pour en détacher les particules qui y ont attaché. Ajouter le bouillon, les feuilles de laurier, l'origan, la menthe et le poivre. Remettre les morceaux de poulet dans la poêle en les disposant en une seule couche.

■ Avec un couteau bien affilé, peler le citron en enlevant la peau blanche avec l'écorce. Trancher le citron et l'ajouter au poulet avec les olives noires. Amener à ébullition. Réduire le feu et laisser mijoter à couvert pendant 30 minutes.

■ Mettre les coeurs d'artichauts entre les morceaux de poulet. Laisser mijoter pendant encore 10 minutes ou jusqu'à ce que le poulet ait perdu sa teinte rosée à l'intérieur et que le jus qui s'en écoule soit clair. Jeter les feuilles de laurier.

■ À l'aide d'une écumoire, dresser les morceaux de poulet sur un plat chaud avec les coeurs d'artichauts, le citron et les olives. Faire bouillir le bouillon à feu vif pendant 3 à 5 minutes ou jusqu'à ce qu'il ait légèrement épaissi. Verser sur le poulet et garnir du persil haché. Donne 4 à 6 portions.

# Poulet crémeux aux légumes

*Servez ce poulet crémeux sur une tranche de pain de blé grillée ou dans un petit pain grillé évidé. Les fines herbes, un mélange de persil, de ciboulette, d'estragon et parfois de cerfeuil, ajoutent une délicate saveur au mets.*

| | | |
|---|---|---|
| 1 c. à tab | huile végétale | 15 ml |
| 2 t | champignons tranchés | 500 ml |
| 1 | oignon, haché | 1 |
| 1/3 t | farine | 75 ml |
| 2 3/4 t | bouillon de poulet | 675 ml |
| 2 | carottes, en dés | 2 |
| 1 | branche de céleri, en dés | 1 |
| 1 1/2 c. à thé | fines herbes ou basilic séché | 7 ml |
| 1 | poivron rouge, en dés | 1 |
| 2 1/2 t | poulet cuit en dés | 625 ml |
| 1 t | petits pois congelés | 250 ml |
| 1/4 t | yogourt nature | 60 ml |
| 2 c. à tab | persil frais haché | 30 ml |
| | Sel et poivre | |

■ Dans une grande casserole, faire chauffer l'huile à feu moyen. Y cuire les champignons et l'oignon pendant 3 minutes ou jusqu'à ce qu'ils soient tendres. Mélanger la farine dans le bouillon et verser dans la casserole. Amener à ébullition à feu vif et cuire, en remuant, pendant 3 à 5 minutes ou jusqu'à ce que la sauce soit épaisse et homogène.

■ Incorporer les carottes, le céleri et les fines herbes. Baisser le feu à doux, couvrir et laisser mijoter, en remuant de temps à autre, pendant 15 minutes ou jusqu'à ce que les légumes soient tendres.

■ Ajouter le poivron rouge, le poulet et les pois. Bien réchauffer. Retirer du feu et incorporer le yogourt et le persil. Saler et poivrer. Donne 6 portions.

---

### DU POULET BIEN FRAIS

*Lorsque vous achetez du poulet, vérifiez toujours si la peau n'a pas de taches ou si elle n'est pas décolorée. La peau doit être blanche ou jaune, selon la façon dont le poulet a été nourri et déplumé. Les poulets à la peau jaune auront une peau plus croustillante. Lorsque vous développez le poulet, celui-ci, s'il est frais, dégagera une odeur naturelle qui se dissipera rapidement; si l'odeur est persistante, c'est que le poulet n'est pas frais. De plus, le plateau de l'emballage doit contenir très peu de liquide; plus l'emballage est sec, plus le poulet est frais.*

• *Les poulets qui ne sont pas pré-emballés et qui sont vendus au comptoir des viandes fraîches dans les épiceries et les boucheries sont des poulets qui ont été élevés à l'air libre. Leur chair est plus ferme et leur saveur plus prononcée.*

• *Le genre de poulet que vous achetez (entier, en morceaux ou désossé) dépend de votre budget, du temps dont vous disposez pour cuisiner et de la recette que vous voulez réaliser. Malgré que les morceaux de poulet coûtent plus cher qu'un poulet entier, ils sont plus pratiques lorsqu'on dispose de peu de temps.*

# Poitrines de poulet au vermouth

*Ce plat au goût délicat est si rapide à préparer que vous pourrez vous en régaler quand bon vous semblera.*

| | | |
|---|---|---:|
| 4 | poitrines de poulet, désossées et sans la peau | 4 |
| | Sel et poivre | |
| | Farine | |
| 1/4 t | beurre doux | 60 ml |
| 1 | échalote, hachée finement | 1 |
| 1/2 lb | champignons, émincés | 250 g |
| 1/3 t | vermouth blanc sec | 75 ml |
| 1 t | crème à 35 % | 250 ml |

■ Trancher en deux, horizontalement, les poitrines de poulet de façon à obtenir 8 fines tranches. Bien essuyer les blancs de poulet. Saler et poivre. Saupoudrer légèrement de farine.

■ Dans une grande poêle à fond épais, faire fondre la moitié du beurre à feu moyen. Y cuire la moitié du poulet, en le retournant de temps à autre, jusqu'à ce qu'il ait perdu sa teinte rosée à l'intérieur. Faire cuire le reste du poulet avec le reste du beurre. Mettre dans un plat de service et réserver au chaud.

■ Jeter le gras de la poêle et y ajouter l'échalote, les champignons et le vermouth. Amener à ébullition, en raclant le fond de l'ustensile pour en détacher les particules, et laisser cuire jusqu'à ce qu'il ne reste plus que 1/4 tasse (60 ml) de liquide.

■ Ajouter la crème et amener de nouveau à ébullition en brassant constamment. Laisser bouillir jusqu'à ce que la sauce ait légèrement épaissi. Rectifier l'assaisonnement. Verser sur le poulet et servir aussitôt. Donne 4 portions.

# Poulet des Caraïbes avec riz aux pois

*Le riz aux pois est un plat très populaire dans les Caraïbes, et chaque île possède sa propre recette. On ajoute parfois du lait de coco au liquide de cuisson pour donner au plat une petite touche sucrée. Le lait de coco est vendu en conserve dans les boutiques de spécialités alimentaires et dans certains supermarchés.*

| | | | | | | |
|---|---|---|---|---|---|---|
| 1 | poulet (environ 2 1/2 lb/1,25 kg), coupé en morceaux | 1 | | **RIZ AUX POIS** | | |
| | Sel et poivre | | 1/2 t | petits pois rouges (ou autres pois ou haricots secs) | 125 ml |
| 1/2 c. à thé | thym séché | 2 ml | 1 1/2 t | eau bouillante salée | 375 ml |
| 1/4 t | huile végétale | 60 ml | 1/2 t | lait de coco (facultatif) | 125 ml |
| 1 | oignon, haché | 1 | 1 t | riz | 250 ml |
| 2 | gousses d'ail, hachées fin | 2 | 1 | petit oignon, haché | 1 |
| 1 | petite tranche de racine de gingembre, hachée fin (facultatif) | 1 | 1 c. à tab | beurre | 15 ml |
| | | | 1/4 c. à thé | thym séché | 1 ml |
| 1 c. à tab | cari | 15 ml | 1/2 c. à thé | sel | 2 ml |
| 1/2 t | bouillon de poulet | 125 ml | | Une pincée de poivre | |
| | Sauce au piment fort (facultatif) | | | | |
| | Riz aux pois (voir recette) | | | | |

■ Assaisonner légèrement le poulet de sel, de poivre et du thym. Laisser reposer pendant 30 minutes. Dans une poêle, faire chauffer l'huile à feu moyen-vif. Y faire dorer légèrement le poulet. Retirer le poulet de la poêle et réserver.

■ Jeter le gras de la poêle sauf 2 c. à table (30 ml). Ajouter l'oignon, l'ail, le gingembre et le cari. Cuire en brassant pendant 3 minutes. Remettre le poulet dans la poêle et remuer pour bien l'enrober des assaisonnements. Ajouter le bouillon de poulet. Couvrir et laisser mijoter pendant 30 minutes ou jusqu'à ce que le poulet ait perdu sa teinte rosée à l'intérieur. Si désiré, ajouter un peu plus de cari, de la sauce au piment fort, du sel et du poivre. Servir avec le riz aux pois. Donne 4 portions.

■ Dans une casserole, faire cuire les pois dans l'eau bouillante pendant 1 heure ou jusqu'à ce qu'ils soient tendres. Égoutter les pois en réservant le liquide de cuisson dans une tasse à mesurer. Ajouter, si désiré, le lait de coco au liquide cuisson avec assez d'eau pour obtenir 2 tasses (500 ml) de liquide.

■ Remettre le liquide dans la casserole avec les pois. Ajouter le riz, l'oignon, le beurre, le thym, le sel et le poivre. Faire mijoter à couvert pendant 30 minutes ou jusqu'à ce que le liquide ait été absorbé et que le riz soit tendre. Donne 4 portions.

# Foies de poulet sautés à l'orange et au gingembre

*Servez ce savoureux plat avec du riz brun et un légume vert.*

| | | |
|---|---|---|
| 1 | poivron rouge ou vert | 1 |
| 1 | orange | 1 |
| 1 c. à tab | sauce soya | 15 ml |
| 1 c. à thé | sucre | 5 ml |
| 1 c. à thé | fécule de maïs | 5 ml |
| | Un filet de sauce au piment fort | |
| 3/4 lb | foies de poulet | 375 g |
| 1 c. à tab | huile végétale | 15 ml |
| 1 | gros oignon, coupé en lamelles | 1 |
| 1 c. à tab | racine de gingembre hachée fin | 15 ml |
| 1 | gousses d'ail, hachée fin | 1 |
| | Coriandre fraîche ou oignon vert haché | |

■ Couper le poivron en lanières de 2 po (5 cm) de longueur. Avec un couteau-éplucheur, prélever le zeste de l'orange et le couper en fines lanières. Réserver.

■ Presser l'orange de façon à obtenir 1/3 tasse (75 ml) de jus. Ajouter la sauce soya, le sucre, la fécule et la sauce au piment. Réserver.

■ Rincer les foies de poulet et bien les essuyer. Enlever, s'il y a lieu, le gras des foies et couper en morceaux de 1 po (2,5 cm). Dans une poêle à revêtement anti-adhésif, faire chauffer l'huile à feu vif. Y faire sauter l'oignon, le gingembre, l'ail et les foies de poulet pendant 4 minutes en remuant énergiquement.

■ Ajouter le zeste d'orange et le poivron, et faire sauter pendant 1 minute ou jusqu'à ce que le poivron soit tendre-croquant. Ajouter la préparation liquide et cuire, en remuant, pendant 1 minute ou jusqu'à ce que la sauce ait épaissi. Garnir de coriandre fraîche. Donne 4 portions.

# Foies de poulet à la créole

*Le foie de poulet est un aliment très nutritif. Il est savoureux et s'apprête de mille et une façons. Le seul point important à retenir est qu'il faut le cuire rapidement, seulement jusqu'à ce qu'il ne soit plus rose au centre, de façon à lui conserver toute sa saveur et sa tendreté.*

| | | |
|---|---|---|
| 1/4 t | huile d'olive | 60 ml |
| 1 t | oignons hachés | 250 ml |
| 1 | gousse d'ail, hachée fin | 1 |
| 1 t | céleri haché | 250 ml |
| 1 t | poivron vert haché | 250 ml |
| 2 t | tomates en boîte (avec le liquide) | 500 ml |
| 1 | feuille de laurier | 1 |
| 1/2 c. à thé | thym séché | 2 ml |
| | Un filet de sauce au piment fort (ou une pincée de flocons de piment fort) | |
| | Sel et poivre | |
| 2 c. à tab | huile végétale | 30 ml |
| 1 c. à tab | beurre | 15 ml |
| 1 lb | foies de poulet (coupés en deux si gros) | 500 g |
| | Riz cuit | |

■ Dans une grande poêle ou une grande casserole, faire chauffer l'huile d'olive à feu moyen. Y cuire les oignons, l'ail, le céleri et le poivron en remuant jusqu'à ce qu'ils soient tendres mais non dorés. Ajouter les tomates, la feuille de laurier, la moitié du thym, la sauce au piment fort, du sel et du poivre. Baisser le feu et laisser mijoter pendant 15 minutes. Retirer la feuille de laurier et rectifier l'assaisonnement.

■ Entre temps, dans une autre grande poêle, faire chauffer l'huile végétale avec le beurre à feu moyen-vif. Y cuire les foies de poulet en remuant pendant 5 minutes ou jusqu'à ce qu'ils soient dorés sur tous les côtés mais encore tendres à l'intérieur. Assaisonner avec le reste du thym, du sel et du poivre. Mettre les foies de poulet dans la sauce et servir aussitôt sur du riz. Donne 4 portions.

# Remerciements

Les personnes suivantes ont créé les recettes de la COLLECTION CULINAIRE COUP DE POUCE: **Elizabeth Baird, Karen Brown, Joanna Burkhard, James Chatto, Diane Clement, David Cohlmeyer, Pam Collacott, Bonnie Baker Cowan, Pierre Dubrulle, Eileen Dwillies, Nancy Enright, Carol Ferguson, Margaret Fraser, Susan Furlan, Anita Goldberg, Barb Holland, Patricia Jamieson, Arlene Lappin, Anne Lindsay, Lispeth Lodge, Mary McGrath, Susan Mendelson, Bernard Meyer, Beth Moffatt, Rose Murray, Iris Raven, Gerry Shikatani, Jill Snider, Kay Spicer, Linda Stephen, Bonnie Stern, Lucy Waverman, Carol White, Ted Whittaker** et **Cynny Willet**.

Photographes: **Fred Bird, Doug Bradshaw, Christopher Campbell, Nino D'Angelo, Frank Grant, Michael Kohn, Suzanne McCormick, Claude Noel, John Stephens** et **Mike Visser**.

**Rédaction et production**: Hugh Brewster, Susan Barrable, Catherine Fraccaro, Wanda Nowakowska, Sandra L. Hall, Beverley Renahan et Bernice Eisenstein.

**Texte français**: Marie-Hélène Leblanc.

# Index

# PROCUREZ-VOUS CES LIVRES À SUCCÈS DE LA COLLECTION
## *COUP DE POUCE*
### *Le magazine pratique de la femme moderne*

### CUISINE SANTÉ

Plus de 150 recettes nutritives et délicieuses qui vous permettront de préparer des repas sains et équilibrés, qui plairont à toute votre famille. Des entrées appétissantes, des petits déjeuners et casse-croûte tonifiants, des salades rafraîchissantes, des plats sans viande nourrissants et des desserts légers et délectables. Ce livre illustré en couleurs contient également des tableaux sur la valeur nutritive de chaque recette, des informations relatives à la santé et à l'alimentation, et des conseils pratiques sur l'achat et la cuisson des aliments. . . .*24,95 $ couverture rigide*

### CUISINE MICRO-ONDES

Enfin un livre qui montre comment tirer parti au maximum du micro-ondes. Ce guide complet présente plus de 175 recettes simples et faciles, 10 menus rapides pour des occasions spéciales, l'ABC du micro-ondes, des tableaux et des conseils pratiques. Vous y trouverez tout, des hors-d'oeuvre raffinés aux plats de résistance et aux desserts alléchants. Un livre indispensable si l'on possède un micro-ondes. . . .*29,95 $ couverture rigide*

### CUISINE D'ÉTÉ ET RECETTES BARBECUE

Profitez au maximum de la belle saison grâce à ce livre abondamment illustré de merveilleuses photos en couleurs regroupant plus de 175 recettes et 10 menus. Outre des grillades de toutes sortes, vous y trouverez des soupes froides, des salades rafraîchissantes, de savoureux plats d'accompagnement et de superbes desserts. Des informations précises et à jour sur l'équipement et les techniques de cuisson sur le gril font de ce livre un outil complet et essentiel pour la cuisine en plein air. . . .*24,95 $ couverture rigide*

Ces trois livres de la collection *Coup de pouce* sont distribués par Diffulivre et vendus dans les librairies et les grands magasins à rayons. Vous pouvez vous les procurer directement de *Coup de pouce* en envoyant un chèque ou un mandat postal (au nom de *Coup de pouce*) au montant indiqué ci-dessus, plus 3 $ pour les frais d'envoi et de manutention et 7 % de TPS sur le montant total, à: *Coup de pouce*, C.P. 6416, Succursale A, Montréal (Québec), H3C 3L4.